KB075940

리처드 샌드윅 Richard L. Sandwick

스탠퍼드대학교에서 교육 심리학을 공부했다. 학업을 마친 후
일리노이 주 하이랜드 파크 고등학교에 교장으로 부임했고,
이 학교를 미국에서도 손꼽히는 명문 공립고등학교로 키우는 데
크게 공헌했다. 평소 학생들의 공부 습관과 노하우에 관심이
많았던 그는 학생들이 공부할 때 꼭 필요로 하는 기본기가 무엇인지
궁리하고, 이 기본기를 다지는 데 갖춰야 할 요소를 오랫동안
연구했으며, 존 듀이, 윌리엄 제임스 등 당대 석학들의 협조를 얻어
이 책 『학생이 배우고 익히는 법』How to study and what to study을 썼다.
이 책은 출간 당시 미국의 선생과 부모, 학생 사이에서 입소문이
퍼지면서 스테디셀러가 되었고 100년이 지난 지금도 꾸준히 읽힌다.
이를테면 이 책은 자극적으로 조미된 요리가 난무하는 외식업계에서
우직하게 제자리를 지켜 온 전통 음식점의 담백한 백반 같다.
눈이 번쩍 뜨이는 아이디어나 비법은 없지만 착실하게 따라 읽고
적용하면 좋은 성과를 거둘 수 있는 알토란 같은 공부법 책이다.

이성자

대학에서 중국어를 전공했다. 대기업에서 일하다가 작은 영화사에
들어가서 영화를 기획하고 마케팅했다. 언어에 관심이 많아서
일본어와 영어를 꾸준히 배우고 익혔고, 이렇게 공부한 외국어로
번역을 하고 있다.

학생이 배우고 익히는 법

학생이 배우고 익히는 법

미국 명문고 교장이 각계 전문가들과 완성한 실용 공부법

리처드 샌드윅 지음 · 이성자 옮김

효율적인 공부 원칙을 터득하는 일

학생은 공부를 할 때도 수영이나 댄스를 배울 때처럼 무엇을 어떻게 해야 하는지 전문가의 지도를 받을 권리가 있다. 그리고 실제로 그런 지도를 받으면 학생 대부분은 상당한 도움을 받는다. 진정한 배움은 관심이 모이는 곳에서 이루어진다. 중고등학교나 대학교에서 하는 운동, 연극, 동아리와 같은 과외 활동이 학교생활의 유일한 즐거움이라 여길지도 모르지만, 실상 많은 학생을 학교에 붙들어 놓는 가장 강력한 힘은 배움 자체다. 내가 교육 심리학을 활용하여 학생들에게 꾸준히 제시한 몇 가지 방침이 우리 학교 학생에게는 꽤 도움이 되었다.

이 작은 책의 목적은 학생들이 효율적인 공부를 하기 위한 보편 원칙을 간단히 터득하게 하는 것이다. 학생에게 얼마간이라도 도움이 된다면 이 책은 맡은 바 임무를 다하는 셈이다. 이 책을 완성하기까지 물심양면으로 도와주고 비평과 격려를 아끼지 않은 여러 전문가에게 감사한다. 연구 분야별 전문가의 이름은 다음과 같다.

심리학에 기초한 학습 지도 원칙: 에드워드 L. 손다이크, 찰스 H. 저드

교육 과정: 윌리엄 챈들러 배글리, 조지 D. 스트레이어, 스티븐 셸던 콜빈

기억 원리와 훈련: 헨리 J. 와트

실험주의 교육 입문: 로버트 R 러스크

정신과 신체 테스트 매뉴얼: G. M. 휘플

청소년기 심리학: G. 스탠리 홀

집중과 관심: 펠릭스 아널드

교육학에서의 관계에 대한 관심: 빌헬름 오스터만

관심과 교육: 찰스 데 가르모

개인의 형성: E. A. 커크패트릭

교육 철학: G. E. 패트리지

논리 이론 연구: 존 듀이

실용 교육 기초: 엘머 배럿 브라이언

교육 원칙: W. 프랭클린 존스, 폴 클래퍼

공부법과 공부법 가르치기: F. M. 맥머리

심리학: 윌리엄 제임스

비즈니스에서 인적 자원의 효율성 증대: 월터 딜 스콧

정신 피로: 맥스 오프너 박사, 츠로 아라이

피로와 휴식: 페르디난드 라그랑즈 박사

음식과 영양학: 로버트 허치슨 의학박사

교육의 가치: 윌리엄 챈들러 배글리

목차

1부
효율적인 공부 원칙

1
{ **공부는 할 만한 가치가 있다** }

학생이라면 내가 하고 있는 공부가 얼마나 가치 있는 일인지 알아야 한다. 공부하고 싶게 만드는 모든 이유를 최대한 생각해 낸다. 자신의 관심사나 가족, 심지어 우주의 미래에 이르기까지. 공부의 가치를 잘 알았던 위인의 전기도 읽어 볼 것을 권한다.

마음이 콩밭에 가 있는데 어떤 일을 참을성 있게 잘해 낼 리 없다. 일이 힘들수록 더 그렇다. 공부라고 예외는 아니다. 학생에게 공부가 쉬울 리가 있겠는가! 이성적인 인간이 공부를 하겠다고 마음먹을 땐 반드시 공부에 관심이 있어야 하는 법이다. 관심 없는 분야엔 몇 초도 집중하기 힘들고, 억지로 집중하려고 애쓰면 막대한 에너지가 소모되는 게 인간이기 때문이다. 그러니 혈기 왕성한 청소년이 학교 공부의 필요성을 느끼기란 '하늘의 별 따기'다. 수업 시간에 배우는 모든 분야의 지식은 다 낯설기만 하다. 살다 보면 여러 경로로 다양한 지식이 쌓이고, 이렇게 쌓인 지식이 바탕이 돼 자연스럽게 흥미와 관심이 생겨나지만 어릴 때는 공부해야 할 분야에 대해 아는 게 거의 없으니 흥미는 둘째 치고 그저 우직하게 노력하는 수밖에 없다.

진심으로 공부를 하고자 한다면 우선 그 이유를 열심히 궁리해 보고 순간의 쾌락과 게으름에 빠지지 않도록 마음을 다잡아야 한다. 그렇다. 공부는 마음가짐의 문제다. 공부를 대하는 올바른 마음가짐이란 공부에서 잔잔한 행복을 발견하려는 자세이며, 이런 마음가짐을 가질 수 있는가의 여부는 얼마나 공부의 가치를 알고 인정하느냐에 달렸다.

다행스럽게도 보통의 학생이라면 조금만 진지하게 생각해 봐도 공부의 가치를 깨달을 수 있다. 배우지 못한 사람도 막연하게나마 느낄 만큼 교육에는 막강한 장점이 있다. '학교 다닐 때 그 많은 시간을 왜 공부는 하지 않고 허송세월했을까?'라며 공부의 소중함을 뒤늦게 깨닫고 후회하는 사람을 가끔 본다. 나라에서 교육에 들이는 예산이 갈수록 증가하는 것만 봐도 학교 공부가 얼마나 중요한지 알 수 있다. 늘어나는 교육 투자와 의무 교육 기간 동안 학생에게 주어지는 모든 혜택은 중고등학교와 대학교에서 하는 공부에 금전으로 환산할 수 없을 만큼 가치가 있다는 사실을 알려 준다. 따라서 사회가 요구하는 지성인의 대열에

합류하려면 노력해서 공부하는 길밖에 없다.

　그저 지능 지수나 좀 높이고 지적으로 보이고 싶어서라면 무엇을 어떻게 공부해야 할지 막연하지만, 성공적이고 행복한 삶, 다양한 경험과 풍부한 이해력을 갖춘 자신을 상상해 보면 생각이 달라진다. 조금이라도 관심을 가지고 공부에 임하면 방금 전에 했던 상상은 단순한 상상이 아니게 된다. 자연환경, 지구라는 행성, 식물, 동물, 과거와 현재 심지어 미래까지 자신을 둘러싼 모든 것에 의미가 생겨나고, 지금까지 아무런 의미도 없다고 느꼈던 수천만 가지 흥미로운 것들에 둘러싸여 흥미진진하게 살 수 있다. 꼬맹이들이 파라오의 무덤이나 상대성 이론, 멘델의 유전 법칙에 무슨 관심이 있겠는가? 우리도 이런 것을 배우지 않았다면 관심조차 가지지 못했을 것이다. 2,000여 년 전 키케로는 "공부하지 않았다는 건 여전히 꼬맹이란 소리다"라고 말했다. 부지런히 공부하면 권력과 지위, 명성이나 명예는 자연히 따라온다. 기원전 1,000년에 솔로몬이 한 말은 오늘날에도 진리다.

　"지혜를 발견하고 깨달은 자는 진정으로 행복하다. 오른손에는 수명이 있을 것이요, 왼손에는 부와 명예가 있을지니."

　학교 공부에 올바로 임하는 태도를 배우기 위해 성공한 인물의 전기를 한두 권쯤 읽어 보길 권한다. 벤저민 프랭클린도 좋고, 슈바이처도 좋다. 이러한 책은 어려운 환경에서 학교나 교수의 도움을 얻지 못했음에도 부족한 시간을 쪼개 방대한 지식을 얻은 사람의 예로 가득하다. "열두 살 때부터 나는 자정에 잠자리에 들기 전까지 공부를 멈춘 적이 거의 없다"라는 밀턴의 얘기를 듣거나, 링컨이 난로 불빛에 의지해 기하학 문제를 푸는 모습을 상상해 보자.

엘리휴 버릿의 일기를 잠시 들여다보자.

6월 18일 월요일, 두통
퀴비에의 천변지이설 40쪽
프랑스어 64쪽
대장간 일 11시간

6월 19일 화요일
히브리어 60줄
덴마크어 30줄
보헤미안어 10줄
폴란드어 9줄
별 이름 15개
대장간 일 10시간

이 구절을 맞닥뜨리는 순간, 우리는 그의 무시무시한 노력 앞에 무릎 꿇게 된다. 세계 최초로 국제 평화 회의를 구성한 엘리휴 버릿의 명성이 그냥 하늘에서 떨어진 것이 아님을 깨달으며 우리가 했던 노력이 새 발의 피처럼 느껴질 것이다. 이처럼 위인의 이야기는 의지가 약한 학생에게도 공부하고 싶은 의욕을 샘솟게 하는 마법의 도구다.

만약 스스로의 발전과 성공만을 위해 공부하는 게 싫다면 자신의 발전이 타인에게 봉사하는 데 얼마나 큰 힘이 되는지 떠올려 보자. 이타적인 것을 추구하는 학생이라면 자신이 또래와 당당하게 경쟁하여 받아 온 성적이 가족을 얼마나 기쁘게 하는지 생각해 보자. 부모님의 표정이 더없이 환해지고 형제자매들은 특별한 형제를 두었다는 사실에 어깨를 으쓱댈 것이다.

게다가 공부의 가장 이타적인 측면은 내가 속한 공동체에 기여할 수 있다는 점이다. 공동체에 기여하는 명예롭고 용맹한 군인은 존경받을 자격이 있지만 공동체에 대한 군인의 기여가 학자가 이룬 업적보다 클지는 의문이다. 독일 전반에 활성화된 장학 제도가 일군 성취를 보라. 수많은 산업 분야에서 인정받는 독일의 탁월한 능력은 장학 제도의 결과다. 미국에도 독일 같은 장학 제도가 있었다면 세기의 발명과 발견을 주도하는 학자와 과학자를 양성할 수 있었을 것이다.

지식과 능력을 인정받는 가장 빠른 길은 바로 학급에서 인정받는 것이다. 이것은 결코 사소한 일이 아니다. 학생이 많은 사람 앞에서 자신의 가치를 드러낼 기회가 또 어디 있겠는가? 오늘의 같은 반 친구들은 미래에도 이 사회의 구성원이다. 어쩌면 미래 어느 시점에 그들이 나를 기억하며 던진 말 한마디에 나의 성공이 달려 있을지도 모른다. 공부 잘하는 학생이 학급 친구와 사이가 좋았다면, 미래엔 그가 잘되게 돕고 싶어 안달 난 동기, 동문이 차고 넘칠 것이다. 그래서 친구에게 인정받는 것은 선생님에게 인정받는 것만큼 중요하다. 또한 사회생활을 처음 시작하는 회사 면접에서 학교 성적을 확인하는 이유는 성적이 어땠느냐에 따라 그 사람에 대한 신뢰가 형성되고 거기서 합격 여부가 어느 정도 결정되기 때문이다. 학교 공부는 이렇게 사회생활까지 따라다닌다.

삼대에 걸쳐 학교도 교사도 없다면 모두 야만의 상태로 돌아간다는 말이 있다. 하지만 학교에 다니고 교육을 받고 있는 걸 늘 당연시하는 우리는 그게 얼마나 값진 것인지 잊곤 한다.

2
{ 할 수 있다는 자신감을 갖는다 }

돈이 없어서, 몸이 약해서, 머리가 나빠서 성공하지 못하는 것이 아니다. 승리했던 경험을 떠올리며 우리 앞에 펼쳐진 저 넓은 지식의 세상에 눈을 돌려 그곳을 정복할 수 있다는 자신감을 가지자. 그렇다고 해서 불가능한 일을 무모하게 진행하지는 말자. 합리적으로 판단하고 기꺼이 해내겠다는 자신감을 가지고 가라, 공부의 세계로!

공부는 학생에게 충분히 가치 있는 일이라는 사실에 충분히 공감하는 것만으로는 무언가 부족하다. 여기서 더 필요한 것이 반드시 해낼 수 있다는 자신감이다. 즐거운 마음으로 공부에 뛰어들어 보겠다는 자신감이다. 공부가 힘든 이유는 '하기 싫고', '해도 잘 안 되기' 때문이다. 공부가 충분히 가치 있는 행위라는 것을 알면 일단 '하기 싫지는 않다.' 여기에 내가 공부를 '해낼 수 있다'는 것까지 알게 되면 더 이상 공부 때문에 절망하지 않을 것이다. 불쾌하면 정신이 우울해지고 몸도 지친다. 눈살은 찌푸려지고 입꼬리는 처지며 어깨는 늘어지고 등은 구부정해지면서 방어적인 자세가 된다. 이 상태의 몸은 외부에서 침입하려는 공부라는 바이러스에 맞서 자신을 강력하게 보호한다. 이런 정신과 몸을 가지고 공부가 잘되면 그게 기적이다.

그러나 한번 즐겁게 해 보겠다는 자신감을 가지면 미간의 주름이 펴지고 입꼬리가 살포시 올라가며 가슴이 펴지고 숨을 크게 들이쉬게 되어 심장이 고르게 뛰기 시작한다. 이렇게 완벽하게 받아들일 자세가 된 몸과 더불어 정신도 새로운 자극에 반응할 준비를 하면서 머리가 맑아진다.

여기서 궁금증 하나. 그럼 어떻게 해야 그 자신감을 내 것으로 만들 수 있을까? 링컨은 '인간은 전에 한번 해 본 일은 또다시 할 수 있다'는 믿음으로 자기 주도 학습을 이어 갔다고 한다. 이 믿음은 링컨뿐 아니라 우리도 써먹을 수 있다. 일찍이 수많은 선배들이 내가 한숨 쉬며 고개를 내젓는 수학, 영어, 과학을 정복했고, 지금은 수천 개 학교에서 나의 동년배 학생들이 정복하는 중이다. 어쩌면 티는 내지 않아도 같은 반에 나보다 훨씬 스트레스를 받으면서 끈기 있게 버티는 친구가 있는지도 모른다. 선배들도 했고 친구들도 하고 있으며 심지어 나보다 열악한 상황에 처한 친구도 해내고 있다. 내가 못 할 이유가 뭐가 있겠는가?

    자신감의 원천을 다른 사람에게 칭찬받는 것에서 찾으려면 피곤해진다. 하지만 기존의 공부를 통해 눈곱만큼이라도 알게 된 것이 있다면 그 사람은 결코 낙오자가 아닐 뿐더러 대단한 사람이다. 평범하지만 배우는 게 좀 더딘 학생이 있다고 치자. 이런 사람은 다른 사람을 따라잡기 위해 무턱대고 덤빌 게 아니라 마음을 느긋하게 먹고 꾸준히 하나씩 해 나가는 법을 배워야 한다. 경쟁이라고 하면 늘 긴박하게 느껴지지만 실상 꾸준함은 모든 것을 뛰어넘는다.

    돈이 없다고 기죽을 필요도 없다. 정말 절박하다면 장학금 제도도 있다. 밥벌이 때문에 피곤에 절어 눈이 스르륵 감기는 상황도 아닌데, 삼시 세끼 잘 먹고 돈(대개 사교육비)이 없어서 공부를 못 하겠다는 건 배부른 소리다. 진짜 가난한 학생이 공부하려고 애쓰는 걸 보면 눈물겹다. 지금도 수천 명의 학생이 학교를 다니면서 아르바이트를 하고 있고, 학비와 자신의 생활비를 벌고 있다는 걸 기억하자.

    다른 친구들이 하고 있다면 나도 할 수 있다. 하지만 아무거나 다 할 수 있는 건 아니다. 가끔 딱 봐도 불가능한 것을 시도하고는 실패는 이미 정해져 있고 자신은 안 되는 인간이라며 좌절하는 학생이 있다. 왜 그런 무모한 행동으로 에너지를 낭비하는지 모르겠다. 3년간 배울 내용을 4~5년에 걸쳐서 하면 학교 성적을 잘 받는 데 무리가 없다. 자신감을 가지라는 말이지, 소화할 수 있는 것보다 많은 내용을 무리해서 공부하라는 말이 아니다. 사람마다 신체의 소화 능력에 차이가 있듯이 공부를 소화할 수 있는 정신력도 저마다 다르다. 학습 능력은 특히 청소년기에 개인차가 큰 편이다. 몸의 차이는 금방 알아챌 수 있다. 가령 두 명이 농구를 하는데 한 명은 키가 180센티미터고, 다른 한 명은 키가 150센티미터가 간신히 넘는다면 키가 큰 친구는 골대 밑에서 덩크슛을 시도해서 성공할 수도 있고 3점 슛도 쉽게 넣을 수 있겠지만 키가 작은 친구는 득점을 하기 위해 키 큰 친구보다 몇 배는 더 노력해야 한다는 것을 누구나 알고 있다. 그런데 정신도 몸과 다를 바 없다는 것은 흔히들 간과하고 만다. 조건의 차이를 인식하지 못한 채 성적 차이를 단순히 노력 부족이나 가정 환경 같은 외부 환경 탓으로 돌린다. 성적이 원하는 만큼 오르지 않으면 이 생각은 점점 더 확고부동해지고, 내가 노력했으니까 언젠가 성적이 오를 것이라는 헛된 믿음이 커져 간다. 자신감은 가져야 하지만 자신이 가진 한계도 잊지 말아야 한다. '너 자신을 알라'는 말이다. 자신을 파악한 뒤 갖는 자신감이야말로 제대로 된 자신감이고 오래가는 자신감이다. 덩크슛을 아무렇지도 않게 시도할 수 있는 친구가 있는 반면, 2점 득점을 위해 분투해야 하는 키 작은 친구도 있는 것처럼, 별 노력 없이 다섯 과목 정도는 거뜬히 성적을 잘 받는 학생도 있지만 세 과목에서 한 등급을 올리려고 죽을힘을 다해야 하는 학생도 있다. 만약 자신이 세 과목을 한 등급씩 올리는 데 죽도록 기를 써야 하는 쪽이라면 그 사실을 담담하게 받아들이고 무리하게 덤비지 말아야 한다. 비뚤어진 자존심과 특정 등급을 꼭 받겠다는 근거 없는 욕망이 감당할 수 없는 짐이 되어 비틀거리는 학생을 많이 봤다. 그렇게 무리하게 공부하면 잠깐은 등급이 오를지 모른다. 하지만 무리했기 때문에 완전히 내 것으로 만들기 어렵고 나중에는 하나도 기억하지 못한다. 결국 고생해서 한 공부가 미래의 효율적인 학습에 전혀 기여하지 못한 채 다 날아가고 마는 것이다.

"책을 한 권만 읽은 사람을 조심하라"라는 속담은 다방면으로 얄팍한 지식을 가진 사람보다 한 방면에 정통한 사람이 더 무섭다는 말이다. 하나에 파고들어라. 시간과 노력을 특정 분야에 집중하라. 물론 자신이 강철 같은 정신과 지치지 않는 체력의 소유자라면 여러 분야에 덤벼도 좋다.

몸이 약해도 공부하는 데는 지장이 없다. 아이러니하게도 위대한 성공은 약골이 이룬 경우가 많다. 뛰어난 역사가 프랜시스 파크먼은 5분 이상을 공부할 수 없을 만큼 몸이 약했을 때도 꾸준히 자료를 모으고 정리해서 매혹적인 이야기를 연이어 내놓았고, 『지킬 박사와 하이드 씨』의 작가 로버트 루이스 스티븐슨은 침대에서 일어날 기력조차 없어 대부분의 글을 침대에서 썼으며, 영국 시인 알렉산더 포프는 부서질 듯 약한 몸으로 책상 앞에 앉아 있기 위해 붕대로 자신의 몸을 고정해야 할 정도였다. 그들은 공부에 대한 열망과 자신감으로 모든 어려움을 이겨 냈다. 그 무엇도 공부를 향한 그들의 투지를 막을 수 없었다.

3
공부하는 시간을 정하고 그 시간이 되면 몰입한다

　정해진 시간에 정해진 공부를 하는 것만큼 효과적인 학습법은 없다. 시간을 정해 놓으면 습관적으로 그 시간에 왠지 공부해야 할 것만 같다. 이 습관이 완전히 몸에 익으면 그 시간에 자연스럽게 공부를 하게 된다. 반대로 아무 때나 마음 내킬 때 공부하는 버릇이 들면 마음을 먹는 데 오랜 시간이 걸리고 마음을 먹은 듯싶다가도 금방 딴짓을 하게 된다. 공부하기가 짜증 나는 학생이라면 저명한 심리학자 윌리엄 제임스의 이 말을 기억하자.

　"담배에 불을 붙일 때, 컵으로 물을 마실 때, 자고 일어날 때, 여하튼 이런 사소한 일을 할 때마다 습관이 아니라 신중하게 결정을 해야 하는 사람만큼 불쌍한 사람도 없다. 그 사람은 무의식중에 자동으로 해야 할 일을 일일이 결정하고 또 그 결정을 후회하느라 또 하루를 허비하고 말 것이다. 만약 내 책을 읽는 독자 중에 일상생활 습관이 몸에 배지 않은 사람이 있으면 책은 그만 읽고 당장 습관부터 만들기를 바란다.”

살면서 정해진 시간에 뭔가를 하는 습관의 효과를 본 적이 있을 것이다. 일곱 달 동안 나는 매일 새벽 4시 반에 일어났다. 일곱 달이 다 되어 갈 무렵에는 새벽에 일찍 일어날 필요가 없어서 6시까지 푹 자려고 했지만 4시 반이 되면 저절로 눈이 떠져서 더 자려고 해도 잘 수가 없었다. 이렇게 몇 주 정도 반복하면 새 습관이 생긴다. 내 대학 동기는 두 달 동안 모든 공부를 밤 9시 이후에 할 수밖에 없는 상황에 놓인 적이 있었다. 새벽 2시에 자러 가고 다시 새벽 6시 반에는 일어나야 하는 강행군이었다. 두 달 후 다시 낮에 공부할 수 있게 되었지만 공부가 잘되지 않고 무엇보다 새벽 2시까지 잠이 오지 않았다! 그는 수면 습관을 바로잡느라 한동안 공부는 꿈도 꾸지 못했다.

시간을 정해 놓지 않고 닥치는 대로 공부하는 학생이 있다. 좀 재미있는 부분이면 늦게까지 공부하고 지겨우면 금방 관둬 버리고 아무 때나 졸리면 잔다. 그러다 보니 저녁에 효과적으로 공부하기가 어렵고 한창 열심히 집중해야 할 수업 시간에 졸기 일쑤다. 이유야 어쨌든 이런 성향이 있다면 10시에서 10시 반 사이에 잠자는 습관부터 들이기 바란다. 그러면 초저녁에 졸리지 않아 저녁에 조용히 공부하는 게 훨씬 수월해진다. 수면 시간은 고등학생은 9시간,

대학생은 8시간 정도가 적당하다. 푹 자야 학습 능률도 오른다.

불규칙하게 시간을 보내는 습관이 들면 정작 효율을 내고 싶을 때 본능에 발목을 잡힌다. 오늘은 새벽 한두 시까지 깨어 있다가 내일은 8시 반이나 9시에 자야지 마음먹어도, 모레가 되면 그 시간에 잠이 오지 않는다.

나쁜 습관의 노예가 되면 걸핏하면 눕고 싶고 욕을 찍찍 내뱉고 술 담배에 찌들기 쉽다. 세상에는 부지런한 사람과 게으른 사람이 공존한다. 우리 학교를 거쳐 간 학생 중 정신력이 약한 학생은 습관적인 게으름뱅이였다. 다행히 그들 중 상당수는 위기를 지나 게으름을 극복하고 성실한 학생으로 거듭났다. 그 학생들의 성적이 쑥쑥 올랐던 것도 똑똑히 기억난다. 습관은 잔인한 주인이자 든든한 동반자다. 어떻게 습관을 들이는가에 따라 나쁜 일에 물들어 헤어날 수 없게도 되고 도움이 되는 일에 익숙해지기도 한다. 게으름뱅이가 부지런한 사람보다 행복할 거란 생각은 착각이다. 게으른 사람은 어쩌다 보니 나쁜 습관이 몸에 배어서 의미 없이 하루하루 살고 있을 뿐이다.

학생으로 해야 할 첫 번째 임무는 시간을 정해 공부하는 습관을 들이는 것이다. 정해진 시간에 정해진 공부를 하고 절대 그 시간을 헛되이 낭비하지 말자. 몇 주 정도 해 보면 왠지 그 시간이 되면 공부가 하고 싶어 몸이 근질근질해질 것이다. 오늘은 한 시간 공부하고 내일은 두 시간, 모레는

삼십 분, 이렇게 되는 대로 공부하는 학생은 거의 다 실패한다. 처음부터 끝까지 차분하게 하지 못하기 때문에 공부는 자꾸 뒤처지고, 만날 허둥거리며 다하지 못한 공부 탓에 걱정과 근심에 휩싸인다.

수업 준비는 진도에 맞게 시간과 분량을 정해 반드시 준수해야 한다. 과목에 따라 시간이 많이 필요하기도 하고 덜 필요하기도 하므로 과목과 진도에 따라 적절하게 시간을 배분한다. 진도가 비교적 여유가 있는 과목일 경우 전체를 훑어보거나 다음 배울 내용을 기대하며 미리 들춰 볼 수도 있다. 그러나 반대로 주어진 시간에 비해 진도가 빡빡하면 선생님에게 너무 벅차다고 솔직하게 말해야 한다.

수업 준비 방법은 개인의 취향에 따라 얼마든지 다양하게 정할 수 있다. 다만 주어진 시간을 자유롭게 쓰는 대신 일단 계획을 세우면 몸에 익을 때까지 반드시 지켜야 한다는 점이 중요하다. 세상에 엄격하고 규칙적인 노력 없이 되는 일은 하나도 없다. 공부도 예외가 아니다.

마음도 몸과 마찬가지로 본능적이다. 책상에 앉아 공부를 시작하면 마음도 워밍업을 통해 서서히 시동이 걸리면서 시작 전에 상상했던 것만큼 지루하게 느껴지지 않는다. 저수지에서 수영할 때 물에 들어가지도 않고 강변에서 물이 차가워 보인다며 부르르 떠는 아이들을 본 적이 있을 것이다. 그러다 한 아이가 물에 첨벙 뛰어들고는 "들어와! 하나도 안 차가워" 하면 그제야 한 발을 물에 살짝 넣고 몸서리를 치며 또 한 발을 넣고 한 걸음 한 걸음 물속으로 들어간다. 그런 아이가 본격적으로 수영을 하기까지는 시간이 꽤 걸린다. 공부는 단번에 첨벙 물에 뛰어드는 아이처럼 해야 한다. 강변에서 몸서리나 치며 서성대면 안 된다. 공부가 생각보다 재미있다는 사실을 떠올리는 것도 좋지만 그보다 좋은 방법은 과감하게 공부에 뛰어드는 습관을 몸에 배게 하는 것이다. 그러면 공부할 마음을 먹느라 애쓸 필요도, 각종 잡념과 싸울 필요도 없으니 강인한 의지력이 없어도 공부하기가 쉬워진다.

4
{ **이미 아는 것을 되새겨 보며 시작한다** }

전력을 다해 공부하려면 본격적인 공부를 시작하기 전에 그 과목에서 이미 배워 알고 있는 것을 먼저 되새겨 보는 과정이 필요하다. 되새김을 통해 공부할 목표가 생기고 흥미가 유발될 뿐 아니라, 집중력이 높아져 새롭게 배운 것을 이해하고 기억하기 쉬워진다.

새로운 생각이나 지식은 그와 관련된 사전 지식이 머릿속에 있지 않으면 선뜻 이해하기 힘들다. 우리는 이미 알고 있는 것에 바탕을 두고 사실을 인지하기 때문이다. 그렇다. 인간의 머리는 지금까지 쌓아 온 지식과 관계없이 생뚱맞은 것을 파악하기 어려운 까닭에 완전히 새로운 것에 집중하지 못한다. 사고의 틀을 넓혀 다방면으로 지식과 관심을 확장시켜 나가는 것이 자유로운 교육의 장점 중 하나다. 이러한 지식의 확장과 관심의 확대는 주의력을 강화하고 더 많은 것에 관심을 가지게 한다. 주의력은 어린이보다 어른이 높고, 모르는 것보다 아는 것에 크게 발휘된다. 그래서 아는 게 많을수록 더 쉽게 더 많은 지식을 얻게 되는 것이다.

비록 내가 가지고 있는 지식이 사전 종이처럼 얄팍하더라도 더 많은 지식을 얻으려면 그것을 활용해야 한다. 가장 쉬운 첫걸음이 예전에 배워 알고 있는 것을 되새겨 보는 것이다. 이를테면 역사 공부를 할 경우 지난 수업 시간에 배운 내용을 먼저 되짚어 보자. 어떤 특정 사건이 어떻게 일어나게 됐는지 의문을 갖기 시작하면서 호기심이 생겨난다. 이제 더 많은 것을 알고 싶다는 의지가 샘솟는다. 이 생생한 의지가 효율을 높여 결과적으로 공부를 더 쉽고 즐겁게 만든다.

새롭게 배울 부분을 한번 쭉 훑어보고 학교에서든 어디서든 이 내용을 배운 적이 있는지 생각해 본다. 그리고 예전에 배웠던 것을 토대로 새로이 공부할 부분의 전반적인 내용을 상상해 본다. 역사 시간이라면 이미 알고 있는 사실을 바탕으로 어떤 역사 사건이 일어났을지 상상해 본다. 자, 이제 상상이 맞는지 공부를 통해 확인해 보자.

이러한 공부법은 허무맹랑한 공상이 아니라 이미 알려진 이론에 바탕을 둔 것으로 존 몰리, 대니얼 웹스터, 노아 포터와 같은 저명한 정치가나 학자도 사용했다. 되새김하는 학습법이 관심과 집중력을 향상시킨다는 것은 심리학에서도 이미 증명된 사실이다. 되새김을 통해 새로운 내용을 빠르고 정확하게 떠올릴 수 있어 기억을 강화하는 작용을 하고, 이미 되새겨 기억한 내용에 새로운 내용을 결합해 아주 쉽게 복기할 수 있다. 즉 내가 A를 떠올릴 수 있고, B가 내 머릿속에서 A와 결합되어 있다면 B도 생각해 낼 수 있다는 소리다.

인간의 두뇌에 단독으로 존재하는 것은 없다. 머릿속의 모든 정보는 연결되어 있다. 사고는 이것이 저것을 연상시키며 꼬리에 꼬리를 무는 경향이 있어서 연관 관계를 많이 맺은 정보일수록 쉽고 빠르게 떠올릴 수 있고, 연관 관계 없이 고립된 정보는 기억해 내기 어렵다. 기억은 연상 작업을 필요로 한다.

공부를 시작하기 전에 과거에 배운 내용을 되새기는 이유가 비단 기억을 용이하게 하기 위해서만은 아니다. 되새김을 하면서 자신의 속마음, 의식의 흐름을 다잡을 수 있다. 이상하게 공부만 하려고 하면 꼭 다른 재미난 생각이 들어 정신이 산만해질 때가 있다. 이런 잡생각은 내가 하려는 공부가 어려워서 생긴다. 초인적인 노력으로 집중하려고 해도 고작 몇 초만 버틸 뿐 의지만으로는 역부족이다. 이러다 보면 공부가 고통스럽다는 사실에 짜증이 나면서 자신감마저 잃게 된다. 그러나 앞서 언급한 되새김 과정을 거치면 머리는 해야 할 공부에 훨씬 잘 집중할 수 있다.

공부하기 전 되새기는 연습을 어느 정도 지속하다 보면 어느새 자신의 모습에 경탄하는 순간이 올 것이다. 일단 선생님이 지적하지 않아도 수업 시작 전에 지난 수업 내용을 미리 훑어보는 자신을 발견할 테니 말이다. 시간이 지날수록 더 많은 내용을 되새기기 때문에 중요한 내용이 기억력의 한계에 부딪혀 영영 사라지는 대신 더욱 생생하게 머릿속에 남아, 쉬는 시간에도 문득문득 떠오르고 친구들과 길을 걸으며 수다를 떨 때도 그 내용에 대해 얘기하게 된다.

학생에게는 스스로 공부에 진지하게 임하도록 자극하는 거시적인 목표가 필요하며, 그 거시적인 목표는 '공부는 할 만한 가치가 있다'라는 명제다. 그러나 개별 과제에 맞는 세부 대상과 목표를 설정하는 것도 거시적인 목표만큼 중요하다. 보통 우리는 공부를 해야만 한다는 사실은 알지만 당장 눈앞의 목표가 없어 진도를 빼지 못한다. 하지만 공부를 시작하기 전에 이미 알고 있는 사실을 되새기면 눈앞에 목표가 생겨난다. 이 목표는 풀어야 할 숙제 형식일 수도 있고, 자연스러운 호기심의 형태일 수도 있다. 숙제라면 좀 더 공부해서 해법을 찾고 싶도록 만드는 숙제일 것이며, 좀 더 공부하다 보면 답을 찾아내고픈 또 다른 질문이 떠오를 것이다. 목표 의식 없는 공부는 모래성처럼 쉽게 허물어진다. 분명한 목표 의식이 진보와 발전을 낳는다.

5

먼저 전체를 익히고
나중에 어려운 부분을 파고든다

연관 지어 생각하려고 노력한다. 지식을 습득하는 동시에 연계하려고 애쓴다. 연관성을 파악하기 위해 부분이 아니라 전체로 공부하고, 전체의 관점에서 어려운 부분의 해법을 생각한다. 그리고 다시 한 번 전체를 훑어보면 부분의 의미가 선명해진다.

처음 전체를 공부할 때는 준비하는 데 시간이 제법 걸린다. 지식은 홀로 존재하지 않는다. 지식이라는 보석은 한 방울의 외로운 다이아몬드가 아니라 줄줄이 꿴 진주 목걸이와 같아서, 하나씩 따로 떼서 마음에 담으려고 하면 꿰어 놓은 실이 끊어지면서 전체의 아름다움과 의미가 사라지고 많은 부분을 잃게 된다.

자신의 머릿속을 찬찬히 들여다보라. 어떤 것을 생각하면 자연스럽게 그와 관련된 다른 것이 뒤이어 떠오른다.

따라서 공부할 때도 연관 관계를 분명히 해 두면 쉽게 기억할 수 있고 하나의 지식과 관계된 다른 지식을 더 쉽게 습득할 수 있다. 비교, 대조, 인과 관계, 시간과 장소의 인접성 같은 것은 생각을 서로 연결시키는 고리 역할을 해서 조각조각 떼어서 하는 공부보다 전체를 더 쉽게 기억하게 한다. 전체를 공부해야만 관계가 눈에 들어온다.

예컨대 아테네의 정치와 사회상은 스파르타와 대조하면 더 확실하게 이해가 되고 기억하기도 쉽다. 특정 지역의 식물과 동물은 유사한 기후 환경의 다른 지역과 비교하면 더 잘 파악된다. 펠로폰네소스 전쟁을 전후하여 일련의 시대상과 관련된 인과 관계를 알면 그 당시 일어난 세부 사건의 의미를 더 쉽게 파악할 수 있다. 과거에 발생한 역사 사건은 다음 시기의 역사 사실에 의미를 부여하기 때문이다. 지질학을 공부할 때 침식의 효과를 같이 공부하면 계곡과 폭포를 더 잘 이해할 수 있다.

전체를 먼저 공부하면 사고가 연결되면서 다양한 이점을 누릴 수 있다. 이는 학교에서 배우는 모든 과목에 적용된다. 연결된 사고가 재결합의 과정을 거치며 관련된 사실이 줄줄이 떠오르고 하나로 통합되어 명확해진다.

이해하지 않고 무조건 외우는 것은 단어의 나열일 뿐 사고력을 키우는 데는 아무런 도움도 되지 않는다. 관계가 보여야 비로소 이해가 된다. 이제 막 말을 배우기 시작한 아기는 단어를 하나하나 반복하고 문장을 열심히 따라 하며 외운다. 아기에게는 필수적인 과정이지만, 학생에게는 지식을 습득하는 가장 원초적이면서 시간이 많이 걸리는 방법이다. 전체 내용을 반복하는 시간보다 문장 하나하나를 반복하는 시간이 훨씬 많이 든다. 문장 단위로 외우면 거의 이해가 안 된 상태로 암기할 우려가 있어 차라리 공부를 안 하느니만 못한 경우도 생긴다.

게다가 문장 단위로 공부하면 문장마다 가치가 다르다는 것을 간과하게 된다. 어떤 문장은 전체 문단의 주제를 압축한 것일 수 있고, 다른 문장은 그냥 다음에 나올 주제 문장에 주의를 환기하는 역할만 할 수도 있다. 또 어떤 문장은 단순 반복이나 지난 문장의 내용을 정리 요약한다. 전체 시각에서 보면 문장의 가치 차이가 명확히 드러나 중요하지 않은 부분은 빠르게 넘어가고 중요하고 의미 있는 부분에 집중할 수 있다.

전체를 보고 나면 다시 읽을 때는 의미가 새롭게 다가온다. 읽어 가는 각각의 문장을 관통하는 사고의 흐름이 생기면서 전체를 바탕으로 부분이 납득된다. 비교, 대조, 인과관계에 따라 행간을 읽어 낸다. 이 모든 행위를 통해 흥미가 생기고 '암기의 어머니'라 불리는 집중력이 높아진다.

외국어 독해를 할 때 지난 수업 내용을 되새긴 후 제일 먼저 해야 할 일은 전체 내용을 읽고 즉시 작가의 의도를 파악하려고 노력하는 것이다. 전체를 머리에 넣고 다시 처음으로 돌아가 새로운 단어를 들여다보자. 전체 맥락을 통해 새로운 단어의 의미를 금세 짐작할 수 있다. 전체를 빠르게 한 번 훑어보지 않는다면 한 단어도 여러 가지 의미를 지니므로 잘못 번역하기 십상이고, 작가의 의도를 파악해 두지 않는다면 단어의 의미가 맞는지 고민하느라 읽는 속도가 한없이 느려진다.

역사는 특히 전체를 보는 눈을 키워야 하는 과목이다. 부분과 부분이 연결되어 있어 둘을 결부해 생각해야만 비로소 각각의 의미를 발견할 수 있기 때문이다. 그래서 가끔 하루 안에 다루기 벅찰 만큼 방대한 분량이라 할지라도 역사 수업은 해당 분량을 통으로 다루는 게 바람직하다. 내가 아는 어떤 학생은 토요일에 집중적으로 일주일 치 역사 수업 내용을 예습해서 수업에 흥미를 붙이고 공부하는 힘을 키웠다. 그 학생이 전체를 먼저 훑어보고 작가의 의도를 파악하는 공부법을 즐겼다는 건 두말할 필요도 없다. 역사나 문학의 짧은 단원을 하루 안에 읽지 않으면 부분과 부분의 연결이 뚝뚝 끊어져 공부를 해도 도무지 흥이 나지 않는다. 연관성을 잃으면 공부는 벼락치기가 돼 버린다.

심지어 수학마저도 문제를 풀기 전에 전체를 훑어봐야 한다. 그중에는 다른 문제보다 좀 쉬운 문제가 있다. 쉬운 문제가 처음에 나오든 끝에 나오든 그것부터 풀기 시작해야 한다. 쉬운 문제를 푸는 과정에서 얻은 통찰력과 추진력으로 처음엔 어렵게 느껴졌던 다른 문제를 풀 수도 있다. 나는 2번이나 3번 문제에서 막히는 바람에 뒤쪽의 문제를 충분히 풀 수 있는데도 아예 들여다보지도 못한 채 시험 시간을 끝내 버린 학생을 수도 없이 봤다.

전체 문제지를 훑어보고 바로 답이나 해법이 떠오르는 문제부터 푸는 방식은 시험 시간에 특히 빛을 발한다. 이렇게 하면 대부분의 문제를 주어진 시간 안에 풀 수 있다. 영어, 국어, 수학, 역사에서 통하는 방법은 과학에서도 통한다. 과학도 부분보다는 전체로 공부해야 하는 과목으로, 과학 자료는 일반 법칙과 관련이 있으며 다수의 법칙은 상호 연관성을 가지기 때문이다. 다음에 어떤 내용이 올지 짐작하며 전체를 읽으면 흥미와 통찰력이라는 두 마리 토끼를 한꺼번에 잡을 수 있다.

두세 쪽 길이의 긴 시를 외울 때도 시를 처음부터 끝까지 반복하면 한 줄씩 반복하는 것보다 훨씬 빨리 외울 수 있다. 한 번 실수한 부분은 반복적으로 실수하는 경향이 있으니 처음 전체를 읽을 때 실수하지 않도록 각별히 유의하자. 그리고 주의 깊게 천천히 읽자. 처음에 주의 깊게 정확히 읽어 두면 다시 반복할 때는 속도가 더 빨라지고 내용도 더 분명해진다.

6
{ **소리를 내서 읽거나 입술을 움직인다** }

주의를 집중하고 정신을 눈앞의 공부에 쏟기 위해,

기억을 돕는 매개체를 늘려 암기 능력을 향상시키기 위해,

소리 내서 읽거나 입술을 움직이며 공부하라.

　만약 우리 학교 학생이 화교 학교에 들어간다면 학생들이 모두 큰 소리로 낭독하며 공부하는 것을 보고 틀림없이 배꼽을 잡고 웃을 것이다. 그러나 이 공부법에는 과학적인 근거가 있다. 큰 목소리는 강한 인상을 남긴다. 하지만 혹여 같은 교실에 있는 다른 친구들 목소리에 섞여 자신의 목소리가 들리지 않는다 해도 상관없다. 어려운 공부를 할 때 입술만 움직이거나 낮은 목소리로 낭독하는 것만으로도 확실히 효과가 있다. 물론 이때 다른 사람을 방해해서는 안 되겠지만.

인간이 깨어 있는 한 의식의 흐름은 지속된다. 하나의 생각에서 관련된 다른 생각으로 끊임없이. 많은 사람이 의지로 이런 흐름을 단번에 끝낼 수 있다고 여기지만, 좀 더 생각해 보면 그게 말처럼 쉽지 않다는 걸 알 것이다. 특히 우리를 즐겁게 하는 일은 의식의 흐름을 타고 몇 번이고 다시 떠오른다. 재미난 일은 반복적으로 떠오르는 반면 재미없는 일은 전혀 주목받지 못한다. 클래식 명곡, 대중가요, 사진 한 장, 그도 아니면 그냥 단순한 느낌만으로 내면의 목소리를 들을 때가 종종 있다. 이런 현상은 시각이나 청각 또는 다른 감각을 통해 지각한 것을 의식 안에서 되풀이한다.

의식의 흐름은 공부할 때도 이어진다. 몸으로 습득한 지식이 있을 때 책에 그와 관계된 경험이 나오면 의식은 그것을 마치 지금 겪고 있는 듯 확대해서 보여 주며 작가의 생각을 내가 겪는 것처럼 눈앞에 펼쳐 준다. 당연히 이 방법은 공부에 엄청난 도움이 된다. 그래서 기존에 배운 것을 되새기는 공부 방법을 고집스럽게 권하는 것이다. 그러나 아쉽게도 청소년은 아직 체득한 지식이 많지 않다 보니 책을 읽으면서 자연스럽게 떠오르는 심상도 적다. 이렇게 배경지식이 부족할 때 의식은 따로 놀기 시작한다. 작가의 의도 따위는 안중에 없다 보니 좀 더 생생하게 기억하게 만들어 줄 집요한 무언가가 절실해진다. 바로 이럴 때 큰소리를 내서 읽으면 주의를 집중하는 데 효과 만점이다.

큰 소리로 읽어야 하는 이유는 이뿐이 아니다. 읽으면 기억이 더 잘된다. 앞서 설명했던 의식의 흐름은 기억 활동에 영향을 미친다. 뇌에는 소리에 대한 기억 영역이 존재하기 때문에 목소리를 내서 읽으면 기억이 더욱 선명해진다. 배우, 교회 목사, 대중 연설자의 목소리가 특히 우리의 마음에 오랫동안 남는 이유도 그들의 목소리가 우리의 의식을 사로잡기 때문이다. 같은 이유로 음악가는 곡조에 예민하게 반응하며 건축가, 화가, 설계사, 엔지니어의 의식의 흐름은 시각에 바탕을 둔다. 말하거나 노래하거나 손을 사용할 때 목 근육, 손가락에서 반사 운동 감각이 뇌에 전달되고 그 느낌 그대로 기억된다. 이 방식은 기억의 '최고 단계'로, 무의식적으로 일어나기 때문에 우리가 의식하지 못할 뿐이지 굉장히 중요한 기억 형식이다. 피아니스트가 그 길고 어려운 곡을 어떻게 외워서 칠 수 있는지 생각해 보라. 반복해서 몸으로 외운 덕에 의식적인 노력 없이도 그토록 현란하게 손가락을 움직일 수 있는 것이다. 가수가 연습을 통해 성대의 떨림을 기억하는 것도 마찬가지다.

소리를 내서 공부하면 시각과 청각의 기억 영역에 동시 접속하는 것과 같아서 기억의 '최고 단계'를 사용할 수 있게 된다. 약간의 부연 설명이 필요할 것 같다. 대뇌 피질의 특정 영역에는 특정 감각 기관에서 오는 자극을 수용하는 수용체가 있다. 각 영역마다 보내고 받는 감각 자극이 달라서 시각과 연결된 수용체, 청각과 연결된 수용체, 촉각과 운동 자극을 느끼는 수용체가 나뉘어 있다. 각각의 수용체가 결합해 감각과 자극을 바탕으로 생각과 감정이 생겨나길 반복하고 이것이 누적되어 대뇌 변연계를 구성한다.

같은 뇌에서도 어떤 수용체는 다른 수용체보다 효율이 뛰어나기도 하고, 사고나 질병으로 완전히 기능을 상실한 수용체가 있을 수도 있다. 가령 어떤 사람은 귀로 들은 말은 이해할 수 있지만 종이에 인쇄된 것은 알아보지 못한다. 시각 중심형 인간이 있듯 청각 중심형 인간이나 운동 중심형 인간도 있다. 하지만 시각, 청각, 운동 감각(촉각) 중 어느 하나만 완벽한 인간은 거의 드물다. 기억은 자극의 종류에 따라 이 모든 수용체를 활용해 이루어진다. 시각, 청각, 운동 감각 세 가지를 총동원해 형상화했을 때 기억력은 가장 좋아진다.

언어를 공부할 때는 특히 소리를 내서 읽는 것이 중요하다. 사실 청각과 운동 감각으로 형상화를 잘하면 외국어 정복은 떼어 놓은 당상이다. 언어를 배울 때 단어 암기는 시각보다 청각에 훨씬 의존하는 경향이 있다. 그래서 입으로 하는 말이 진짜 언어라고들 한다. 단어의 진정한 의미는 소리 내서 하는 말을 통해서만 배울 수 있으며 운율은 소리 내어 읽지 않으면 전혀 알 수 없다. 그러므로 언어는 자고로 소리를 내어 읽으며 공부해야 한다. 외국어를 배울 때는 몇 번이고 반복해서 큰 소리로 읽자.

어떤 과목이든지 구두로 이루어지는 수업이라면 수업

내용을 큰 소리로 읽는 것이 도움이 된다. 큰 소리로 번역하면서 영어 공부를 하게 되면 수업 시간에 두 배는 더 잘할 수 있다. 역사, 영어, 문법, 과학……. 어느 과목이든 어려운 과목이 있으면 소리 내서 읽거나 입술을 움직이며 익혀 보자. 의외로 공부하는 데 도움이 된다.

7
점점 시간 간격을 늘려 가며
배운 것을 되새기고 반복하는 훈련을 한다

공부의 효율을 점검하고 어려운 부분에 제대로 집중하려면, 생각의 흐름이 쉬어 갈 때 자연스럽게 같이 쉬면서 의미가 파악되었는지 방금 공부한 내용을 되새겨 본다. 이 방법은 공부한 내용을 오래 기억하는 데 도움이 된다. 암기할 때는 여러 번으로 나눠서 자주 하고 점점 시간 간격을 늘려 가며 반복한다.

새로운 부분을 공부하기 전에 지난 시간에 배운 내용을 되새겨 보는 것이 중요하다는 사실은 이미 밝혔다. 되새김에는 크게 다음과 같은 두 가지 목적이 있다.

첫째, 기존 지식이 새로운 지식을 단단하게 연결하는 고리 역할을 할 수 있다.

둘째, 호기심과 자연스러운 관심을 유발해 공부를 해야겠다는 의지를 북돋우며 주의력을 높인다.

그래서 공부하는 중간에도 읽은 내용을 빠르게 정리해

보는 되새김 시간을 두어야 한다. 막간에 되새기는 시간이 가지는 의미는 크게 두 가지다.

우선 읽는 동안 주의를 기울여 제대로 의미를 파악했는지 확인할 수 있고, 공부한 내용을 앞으로 써먹기 좋게 확실히 기억할 수 있다.

또한 중간에 쉬면서 생각을 되새겨 보는 것만큼 문장의 의미를 파악하는 데 좋은 방법도 없다. 책에 있는 정확한 단어를 기억하느라 애쓰는 대신 작가의 의도가 무엇인지 추측하려고 계속 노력해야 한다. 이러한 노력은 지적인 활력에 불을 지핀다. 처음 시도할 때는 지겨울 수도 있다. 하지만 성공적인 공부의 핵심인 집중력을 얻는 데 이보다 확실한 방법은 없다.

얼마나 많은 학생이 책을 보는 순간만 공부하고 있다고 착각하는지 모른다! 그러다 쪽지 시험을 보면 죽도록 공부한 시간이 아무 쓸모도 없었다는 사실에 경악한다. 심지어 그렇게 열심히 봤던 단어나 문장이 하나도 기억나지 않는다. 당연히 그 단어와 문장의 이면에 숨어 있는 작가의 생각을 파악하지 못했기 때문이다. 그래서 되새기기 위해 멈췄다 다시 공부하는 습관은 언뜻 보면 시간 낭비 같지만 결과적으로 가장 빨리 새로운 내용을 습득하는 방법이 된다. 고등학교 때나 대학 초기에 이런 공부법을 터득해 두면 이후 공부하는 시간이 훨씬 절약될 것이니 좋은 일이 아닐 수 없다. 이 공부법으로 단련된 학생이 교과서를 한

번 읽을 때 이 공부법을 모르는 학생이 교과서를 열 번 읽는 것보다 훨씬 더 많은 걸 얻을 수 있다.

물론 자주 되새기며 공부하는 데에도 한계는 있다. 쉬운 내용을 공부할 때는 거의 도움이 되지 않는다. 하지만 낯설고 추상적이며 난해한 내용을 공부할 때는 자주 되새길 필요가 있으며 주제가 나뉠 때도 되새길 필요가 있다. 주제 파악이 어려울수록 더 자주 멈춰서 되새겨야 하는데 주로 단락이 끝날 때 단락의 주제를 마음속으로 재구성하면 좋다.

어려운 내용을 공부할 때 자주 멈춰 되새기는 것은 주의력을 환기하는 좋은 방법 중 하나다. 자주 되새기는 또 하나의 이유는 파악한 주제를 앞으로 써먹을 수 있게 단단하게 기억하는 역할을 하기 때문이다.

'단순 암기'를 반대하는 목소리가 높다. 그러나 내가 생각하기에 쟁점은 '암기'에 있는 것이 아니라 '암기의 방법'에 있다. 교육자들이 비판하는 '단순 암기'란 글자 이면에 숨은 의미를 파악하지 않고 무작정 외우는 습관을 말한다. 외우지 말고 이해하라는 주장은 이해하면 암기하게 된다는 뜻이다. 자꾸 까먹는 건 그 내용이 중요하지 않아서가 아니다. 이해가 안 된 채로 외웠기 때문이다.

고등학교와 대학에서 진행되는 교육의 상당 부분이 암기를 통해 이루어진다. 암기는 청소년기의 필수 코스다. 암기 훈련만으로 구구단을, 문법을, 어려운 철자를 외울 수 있다. 영어나 외국어 공부에 암기 훈련이 즉효라는 건 말할 필요도 없다. 추론 능력을 키우는 게 주목적인 기하학조차 피타고라스의 정리, 유클리드 호제법을 외우지 않으면 진도를 나갈 수 없다. 암기 훈련으로 문제의 공격 한 방에 나가떨어지지 않는 방어력을 키울 수 있으며 풍부한 생각거리를 찾을 수 있다. 그래서 '암기는 논리의 어머니'다.

따라서 필요한 지식을 제대로 암기하는 최고의 방법을 안다는 것은 공부의 왕도를 터득한 것이나 다름없다. 암기할 때 되새김만큼 중요한 게 반복이다. 반복할 때는 반드시 간격을 둬야 한다. 가령 어려운 단어 철자를 외운다고 치자. 철자를 하나하나 큰 소리로 읽고 연습장에 열 번씩 연달아 쓰는 것보다 아침에 철자를 두 번 읽고, 점심 때 두 번, 다음 날 두 번, 나흘째에 두 번, 열흘째에 두 번 하는 편이 낫다. 이 법칙은 시를 외우거나 외국어를 공부하는 데도 똑같이 적용된다. 짧게 여러 번 하는 것이 길게 한 번 하는 것보다 암기에 확실히 효과적이다. 여기에 짧게 반복하는 간격을 점점 벌려 가면 기억이 좀 더 정확해지고 오래 간다.

연달아 반복하면 흥미와 집중력이 떨어져 결과적으로 효과도 희미해지지만 간격을 두면 반복 효과가 다시 올라간다. 피로와 권태는 효과적인 공부를 방해하는 최대의 적이다. 암기하는 동안 지치지 않으려면 한 번에 긴 시간을 외우려 들지 말고 짧게 시간 간격을 두고 여러 번으로 나뉘 외우도록 하자. 암기의 효율은 투자한 시간의 길이에 있는 것이 아니라 시간을 투자하는 방식에 있다. 거의 모든 과목이 이 중요한 법칙을 따른다는 점을 명심하자.

8
{ 개요를 만들고 그것을 가시화한다 }

공부법 전문가인 맥머리 교수는 『공부법과 공부법 가르치기』에서 사고 영역은 평지가 아니라 중요도에 따라 덜 중요한 사고부터 더 중요한 사고가 쌓인 봉우리와 같다고 표현했다. 관련 세부 내용이 차곡차곡 쌓여 각 봉우리를 지탱하고 있기 때문에 두드러지게 눈에 띄는 봉우리를 발견해 세부 내용을 바르게 연결 짓는 주제를 간파하는 것이 학생의 본분이자 공부의 알파요 오메가라고 했다.

고등학생이 되면 중요한 것을 파악하는 능력이 상당히 키워진다. 노련한 교사는 주제를 담은 문장이나 단락을 강조해서 천천히 가르쳐 준다. 그런 교사는 비교적 중요하지 않은 부분에 시간을 낭비하거나 부담을 갖지 않도록 배려한다. 문법 교사는 각 문장의 주제를 파악하고 밀접하게 관련된 것과 그렇지 않은 것, 종속 품사와 독립 품사를 구분하게 해 준다. 영어 교사는 학생이 한 해석이 다른 문장과 이어져 명확한 의미를 전달하는지 확인해 준다. 고등학교 국어 교사는 문단 안에서 주제문, 요약문, 예문을 골라내는 능력, 즉 봉우리를 발견하는 방법을 알려 준다. 교과 과정에서 문장 학습은 단락의 핵심을 파악하고 다른 문장과 맺는 연관을 발견하는 기본 과정이다. 문학 시간에는 플롯을 발전시키는 에피소드, 전개를 극대화하는 에피소드 사이의 촘촘한 연계를 통해 문장력을 키울 수 있다.

그러나 내 생각에 학생들이 거의 전 과목을 공부하는 데 가장 도움이 되고 가치 있는 훈련은 좋은 작품이나 신문 사설의 주제를 개요로 정리해 보는 것이다.

다음은 아일랜드 출신의 정치가 에드먼드 버크가 영국과 영국의 식민지였던 미국을 중재하는 연설의 개요 일부다. 작가의 의도인 산봉우리에 해당하는 부분은 A, B와 같은 알파벳 대문자로, 주제문은 아니지만 상당한 비중을 가진 생각은 I, II와 같은 로마 숫자로, 이에 대한 보조적인 생각은 아라비아 숫자로, 세부 사항은 알파벳 소문자로 표시했으니 각각 어떻게 도출되었는지 살펴보자. 봉우리에 해당하는 주제가 가장 왼쪽으로 붙는다. 이렇게 세로로 개요를 작성하면 작가의 의도가 한눈에 들어온다. 세로 개요를 쓸 때 동일한 비중의 주제는 동일한 문장 구조와 어휘를 사용하는 것이 중요하다. 즉 동일한 도입 단어를 쓰거나 동일한 문장 형식을 취하는 것이다.

[버크의 중재 연설]

〈정황 정리〉

A. 버크는 왜 이 시점에 미국 문제를 거론하는가?

(I) 영국 의회는 미국 문제의 심각성에 주목할 필요가 있다.

  1. 버크가 처음 등원하자 의회는 비로소 심각성을 인식함

  2. 의회는 미국을 어떻게 다룰 것인가에 대한 의견으로 술렁댔지만 버크는 그러지 않음

  3. 의회는 미국을 응대할 효과적인 방법을 찾지 못함

(II) 버크는 반대 의견을 촉구할 필요가 있다고 느낀다.

  1. 그가 속한 정당은 자신의 패를 보여 줘야 함

  2. 사심 없는 소탈함이 대의를 두드러지게 함

B. 버크의 제안은 중재를 통해 평화를 확보하는 것이다.

(I) 그의 평화 제안은 노스 경과 다르다.

  1. 재정 분야의 경매를 제안하지 않았기 때문임

(II) 그의 제안은 노스 경과 유사하다.

  1. 노스 경의 제안도 평화와 화해라는 동일한 원칙에 기반하고 있기 때문임

(III) 이 평화 제안은 반드시 영국 측이 제안해야 한다.

  1. 왜냐하면 영국 측이 강자임

  2. 영국이 미국을 어떻게, 무슨 근거로 인정할 것인가

에 대한 논쟁은 탁상공론이 아닌 미국의 환경과 기질에 바탕을 두어야 함

〈적절한 연설문 개요〉

A. 영국은 식민지와 화해해야 한다.

Ⓘ 미국의 인구와 부가 더 이상 무시할 수준이 아니기 때문이다.

   1. 미국의 인구 증가가 위협적인 수준에 이름

   2. 미국의 재정 규모가 영국보다 크고 중요해짐

   3. 미국의 농산물이 영국 사회를 지탱함

   4. 미국의 어업이 자유를 추구하는 사람들에게 활력을 심어 줌

   5. 군사력이 식민지를 유지하는 최고의 수단이 아니며, 그 이유는 다음과 같음

     a. 군사력은 일시적임

     b. 군사력은 불확실함

     c. 군사력은 지켜야 할 식민지 자체를 약화시킴

     d. 군사력을 지원할 재정이 부족함

ⒾⒾ 미국의 기질과 특성이 강하고 위협적이기 때문이다.

   1. 그들은 자유주의라는 혈통을 타고남

     a. 따라서 자유에 목숨을 바침

     b. 따라서 그들에게 닥친 역경을 자유의 증거라고 간주함

   2. 그들의 정부는 자유주의를 조장함

3. 그들의 종교도 자유주의 정신을 조장함

4. 그들의 노예 제도도 자유주의를 조장함

5. 그들의 교육도 자유주의를 조장함

6. 그들과 영국의 물리적 거리도 그들의 자유주의를 조장함

(III) 강제적 무력은 비용 대비 현명하지 못한 방법이기 때문이다.

1. 문제 발생을 막기 어려운 이유

　　a. 경제와 인구 성장을 억제하는 것은 현명하지 못함

　　b. 식민지의 기질을 바꾸는 것은 불가능함

　　c. 미국과 영국 사이의 바다를 없앨 수 없음(물리적 거리를 좁힐 수 없음)

2. 미국인을 범죄자로 취급하는 것이 어리석은 이유

　　a. 그들의 막강한 인구는 자신들을 범죄자 취급하는 것을 용납하지 않을 것임

　　b. 그들이 자신의 권리를 탄원하는 것은 폭동이 아님

　　c. 그들의 죄를 영국이 단죄하기 어려움

B. 영국은 과세에 대한 불만을 해결해 주는 방식으로 식민지와 화해해야 한다.

어떤 과목의 개요를 작성하든, 작가의 의도라는 봉우리는 단독으로 존재하는 것이 아니라 산속에 있다는 것을 명

심해야 한다. 바꿔 말해, 상황과 연계를 이루는 내용 사이의 관계를 파악해야 한다는 말이다. 예컨대 문학을 공부하는 학생은 주요 작가에 대해 이런 내용을 포함한 개요를 만들 수 있다.

1. 이름, 출생 연도
2. 출생지와 거주지
3. 출신
4. 유년 시절 및 학력
5. 직업 및 이력
6. 시대 배경
7. 교유 관계 및 동시대 지인
8. 작품
9. 스타일, 작품의 성격, 문학사적 지위

여기 열거된 아홉 가지가 각자 관련이 있는 것은 아니며 이것을 다 작성하는 것 자체에 의미가 있는 것도 아니다. 2~7까지는 8과 9를 설명하는 관점에서 공부하는 것이다. 2~7이 8과 9와 관련이 없으면 개요에서 빼 버린다.

역사 공부를 할 때도 개요의 법칙을 기억해 둔다. 역사 사건은 하늘에서 난데없이 뚝 떨어진 일이 아니라 인과 관계로 연결된 행위이기 때문이다. 역사를 통틀어 눈에 띄는 특징, 공통된 법칙을 발견할 수 있으며, 주제가 되는 사건은 다른 사건들과 순차적 관계를 가지고 적합한 때와 상황에 일어났음을 알 수 있다.

일반적으로 매우 중요한 지점은 다른 지점들과 연관되어 있다. 다음은 각각 전쟁과 왕의 재위 기간을 공부하는 데 쓰는 주제별 개요다. 전쟁 개요의 모든 부분은 종전 평화 조약 준비에 초점을 맞추고 있으며, 왕의 재위 기간 개요는 주요 법안, 특히 왕이 행한 조치와 그 영향에 중점을 두고 있다는 점에 주목하자.

〈전쟁을 공부하는 주제별 개요〉

전쟁 이름

    1. 일시

    2. 원인

        a. 주요 원인

        b. 보조 원인

        c. 잠재 원인

    3. 관련 국가

    4. 지도자

    5. 주요 전투 및 그 결과

    6. 전쟁의 전환점

    7. 평화를 위한 노력

    8. 종전 평화 조약

        a. 장소

   b. 서명인

   c. 조항

〈왕의 재위 기간을 공부하는 주제별 개요〉

왕의 이름

  1. 왕의 재위 기간

  2. 세자 시절 또는 왕으로 키워진 과정

  3. 등극과 관련 인물

  4. 등극

   a. 등극 내용

   b. 주요 인물

  5. 주요 치적

  6. 주요 법안

  7. 법안에 대한 왕의 조치 및 영향

 이 개요는 대체로 봉건 왕조를 공부할 때 적용할 수 있다. 역사 사건이나 혁명을 공부할 때 세부 내용이 들어간 개요, 주요 내용만 요약 정리한 개요 등 가급적 다양한 개요를 만들어 보면 좋다. 왕의 재위 기간 개요는 세기별 주요 사건이나 혁명의 개요에도 응용해 볼 수 있다. 정치 지도자, 전쟁 영웅, 문학·과학·산업의 주요 인물을 중심으로 한 개요도 만들 수 있으며, 특정 사건을 불러일으킨 원인에 집중한 개요, 사건의 연대기를 정리한 개요 등 참으로 다양한 개요가 가능하다. 일주일 또는 하루 수업에서 소화할 정도의 짧은 시기에 대한 연대기 개요 작성부터 시작해 본다.

개요 방식으로 공부하기에 가장 적합한 과목은 역사지만 다른 과목도 크게 다르지 않다. 개요를 만드는 게 도움이 안 되는 과목은 거의 없다. 문법이나 과학도 개요로 공부하기에 좋은 과목이다. 문법이나 과학을 개요로 공부하면 이해가 풍부해지고 배우는 게 월등히 많아진다. 수학조차 개요를 짜서 예습과 복습을 하면 효과가 나타난다. 기하학 문제 풀이에 대한 일반적인 개요를 보자.

1. 문제 정리
2. 도형의 구조
3. 도형에 관한 수치
4. 도형에 관한 결론
5. 추가 해석 (있을 경우)
6. 논리에 근거한 전체 증명
7. 결론

마찬가지 방식으로 근의 공식, 인수 분해 등이 들어간 방정식, 부등식과 같은 대수학 개요도 만들 수 있다.

정신적 형상화의 세 가지 방식(시각, 청각, 촉각) 중 가장 오래 남는 것이 시각이다. 무언가를 오래 기억하고 싶다면 개요를 만들어서 눈에 보이는 형태로 만들자. 물론 교과서 전체를 시각화할 수는 없으며 그렇게 해 봤자 요점이 분명하지도 않다. 그러나 두세 가지 핵심 문장과 보조 설명 몇 가지로 압축한 한 쪽 분량의 개요는 기억하기 쉽다. 게다가 개요를 작성하는 과정에서 텍스트를 명확하게 이해할 수 있으니 일거양득이다. 배운 것을 오래 기억하고자 한다면 이제부터 개요를 작성하여 눈에 보이는 형태로 만들자.

9
{ **속독을 익힌다** }

　지금까지 거론한 공부법은 전체를 통으로 공부하거나 새롭고 어려운 부분을 공략하는 데 적합하다. 전체를 통으로 공부하는 데는 시간이 들고 암기 단계에 돌입하면 지루해진다. 그러나 비록 느리고 지루할지라도 통으로 공부하는 것만큼 시간과 에너지를 절약해 주는 방법도 없다. 특히 영어, 수학과 같은 주요 과목에서 통독은 진리다. 새로운 영어 단어를 처음 봤을 때 이 단어를 익히려면 문장에 그 단어가 나올 때마다 몇 번이고 찾으며 외우는 수밖에 없다. 지금 죽어라 해 놓은 공부가 장차 결정적인 순간이 닥쳤을 때 시간을 벌어 줄 것이다.

　하지만 요령 있는 학생이라면 통째로 찬찬히 공부하는 방법을 언제 어떻게 버려야 하는지도 알아야 하고, 50~100쪽 정도를 가볍고 빠르게 훑는 법도 알아 둘 필요가 있다. 역사 같은 과목을 공부하다 보면 예전에 봤던 내용을 새롭게 확인하고 싶을 때가 있을 것이다. 비단 역사만이 아니라 내용에 대해 전체적인 이해를 요하는 공부는 가끔 이런 확인이 필요하다. 100쪽이 넘는 역사책에서 필요한 부분을 찾아야 하는 바로 그 순간, 속독이 필요하다. 마찬가지로 2학년 때 미분을 배우면 1학년 때 배웠는데 이미 기억 속에서 깡그리 사라진 인수 분해나 근의 공식에 막혀서 문제를 못 풀 때가 있다. 이때도 필요한 공식이 어디에 나왔는지 찾아보려면 속독이 필요하다.

예민한 학생은 교과서의 내용만으로는 설명이 불충분하다는 문제를 발견한다. 이러한 문제의 답은 다른 책을 빠르게 참조하면 얻을 수 있다. 작가는 대중을 위한 짧은 책 한 권을 쓰면서 명확한 논지를 견지하고 내용을 풍성하게 하기 위해 다른 작가들의 책 수백 쪽은 기본으로 들춰 본다. 작가, 강사, 평론가, 문학 관련 직업에는 속독이 필수 불가결하다.

속독에 얼마나 중요한 가치가 있는지 설명하기 위해 직업까지 들먹일 필요도 없다. 학생들 대부분은 소리 내서 읽으나 눈으로 읽으나 속도 차이가 거의 없다. 하지만 사실 눈으로 읽는 것이 소리 내서 읽는 것보다 두 배에서 네 배는 더 빨라야 정상이다.

속독을 하려면 단어 하나하나보다 문장으로 묶어서 읽을 필요가 있다. 문장에서 문장으로 건너뛰며 읽어야지 단어와 구절 하나하나에 집착해서는 안 되며, 한 줄에 두세 단어는 읽지 않고도 의미를 추론할 수 있어야 한다. 또한 즉시 의미 파악이 안 되어도 끊지 말고 마지막 문장까지 읽을 줄도 알아야 한다. 우선 주제를 쉽게 파악할 수 있는 쉬운 이야기를 통해 연습하자. 문장 단위로 읽을 때는 각 문장의 시작과 끝에 각별히 주의를 기울여야 한다. 어디에 주의해야 하는지 분명하면 속독을 좀 더 빨리 배울 수 있다. 가령 역사 시간에 배운 내용을 광범위하게 포괄하는 다른 역사책을 속독으로 10분간 본다고 치자. 1분에 한 쪽 정도가 적절한 속도로, 10분이면 열 쪽을 읽을 수 있다. 반면 속독을 하지 못하면 20~30분 정도가 소요된다.

처음 속독할 때는 남는 게 별로 없다. 요령이 없기 때문이다. 하지만 연습을 통해 요령은 얼마든지 익힐 수 있다. 앞에서 예로 든 역사 공부의 경우 동일한 사실에 대해 서로 다른 두 책의 저자가 어떤 부분에서 의견이 같고 어떤 부분에서 다른지 비교할 수 있을 정도면 충분하다.

컨설팅 전문가들은 280쪽짜리 책을 4시간 만에 해치울 만큼 엄청나게 빠른 속도로 읽어 내린다. 한 시간 또는 그것도 안 걸려 읽는 전문가도 있다. 문제에 따라 책을 처음부터 끝까지 읽을 필요가 거의 없는 경우도 많다. 필요에 따라서는 목차를 찾아 필요한 부분만 읽고 나머지는 내버려 둘 수도 있다. 그러나 작가의 논점과 의견을 처음부터 끝까지 고찰하고 싶다면 문장 단위로 읽는 것보다 단락 단위로 읽는 편이 낫다. 문법을 공부했다면 단락은 문장보다 큰 사고의 집합체라는 것을 알고 있을 것이다. 단락의 주제가 되는 문장은 단락의 처음에 위치하는 경우가 많다. 나머지 문장은 주제문을 부연 설명하거나 다른 말로 표현한 것이다. 가끔 주제문 앞에 새로운 화제를 이끌어 내기 위한 예비 성격의 문장이 오기도 하는데 이는 전환 문장이라고 하며 빠르게 지나쳐도 무방하다. 그리고 종종 주제문이 단락 맨 끝에 오기도 하기 때문에 단락의 마지막 문장은 거의 항상 중요하다고 보면 된다. 단락 단위로 읽을 때는 처음 한두 문장을 흘깃 보고 나머지 부분은 건너뛰어도 될 것 같으면 바로 다음 단락을 읽는다. 만약 처음 한두 문장으로 부족하다면 마지막 문장을 보자. 물론 상황이 허락한다면 주제를 살려 주는 흥미로운 문장을 읽으며 천천히 주제를 발전시켜 볼 수도 있다.

책의 핵심 주제를 파악하는 더 빠른 요령은 각 장의 처음 한두 문단과 마지막 문단만 읽는 것이다. 이 책에도 각 장의 처음 (혹은 마지막) 문단에 각 장 전체 내용을 요약해 놓은 이유를 이제 알 것이다.

정리해 보자. 우리는 다음과 같은 속독의 법칙을 배웠다.

1. 속독을 할 때는 단어 하나하나를 살피거나 마음속으로 곱씹어 보지 말 것
2. 문장 단위로 속독할 때는 시작하는 문장과 끝 문장

에 주의할 것. 주제는 주로 첫 문장에 나옴

3. 단락 단위로 속독할 때는 첫 한두 문장과 마지막 문장에 주의를 기울일 것. 거기에 보통 주제문과 단락 전체 요약이 나옴

4. 장 단위로 속독할 때 장의 첫 단락과 마지막 단락에 각별히 주의를 기울일 것. 첫 단락에 장의 주제가, 마지막 단락에 장 전체 요약 또는 결론이 나옴

5. 원하는 내용이 어디에 있는지 찾는 데 목차를 적극 활용할 것

속독의 법칙을 응용해 헨리 데이비드 소로가 쓴 『월든』(이덕형 옮김, 문예출판사)의 한 구절을 읽어 보자.

[1] 나는 대부분의 시간을 혼자 지내는 것이 건강에 이롭다고 생각한다. 아무리 좋은 사람이라도 같이 있으면 곧 지루하고 주의가 산만해진다. 나는 혼자 있는 것을 좋아한다. 나는 고독처럼 어울리기 좋은 친구는 발견하지 못했다. 우리는 대체로 방 안에 홀로 있을 때보다 밖에 나가 사람들 사이에 낄 때 더 고독하다. 생각하거나 일하는 사람은 어디에 있든지 항상 혼자다. 고독은 어떤 사람과 그의 동료 사이의 거리로 측정할 수 있는 것이 아니다. 케임브리지대학의 학생이 우글거리는 교실에서도 정말 열심히 공부하는 학생은 사막의 수도승만큼이나 고독한 것이다.

[2] 하루 종일 혼자 밭에서 김을 매거나 숲에서 나무를 베는 농부는 일에 몰두해 있기 때문에 외로움을 느낄 수 없다. 그러나 밤에 집에 돌아오면 여러 생각이 떠올라 방 안에 가만히 혼자 앉아 있을 수 없다. 그래서 그는 하루 종일 혼자 있었던 것에 대해 스스로에게 봉사하겠다는 심정에서 '사람들을 만나' 기분 전환을 할 수 있는 곳으로 간다. 따라서 농부는 학생이 낮과 밤 대부분의 시간을 혼자 집에 있으면서 어떻게 권태와 '우울증'을 느끼지 않는지 의아하게 생각한다. 농부는 그 학생이 집에 있지만 농부처럼 그 나름의 밭을 갈고 그 나름의 나무를 베고 있으며, 그런 다음에는 좀 더 농축된 형태이긴 하지만 농부와 다를 바 없이 휴식과 사교를 찾는다는 사실을 이해하지 못한다.

[3] 인간들끼리의 교제는 대체로 너무 싸구려다. 너무 자주 만나기 때문에 서로에게 줄 어떤 새로운 가치를 획득할 시간이 없다. 우리는 하루 세끼 식사 때마다 만나서 오래되어 곰팡내 나는 치즈, 즉 우리 자신을 새로 맛보라고 서로에게 내놓는다. 우리는 이 빈번한 만남을 참을 수 없게 되어 서로 치고받는 싸움판이 벌어지는 일이 없도록 하기 위해 예의범절이라는 일정한 규칙을 만들어 합의해야 했다.

[4] 우리는 우체국이나 친목회에서 만나고 매일 밤 난롯가에서 만난다. 우리는 너무 엉켜 살아서 서로에게 방해가 되기도 하고 서로에게 걸려 넘어지기도 한다. 그 결과 우리는 서로에 대한 존경심을 잃어버린다. 조금 더 간격을 두고 만

나도 중요하고 흉금을 터놓는 의사소통에는 전혀 지장이 없을 것이다. 공장에서 일하고 있는 저 여공들을 생각해 보라. 그들은 꿈속에서조차 혼자 있는 일이 없다. 내가 사는 이곳처럼 일 제곱마일마다 한 사람이 살 수 있다면 얼마나 좋겠는가. 사람의 가치는 피부 속에 있는 것이 아니므로 그 사람을 만져 보아도 알 수가 없다.

[5] 나는 숲 속에서 길을 잃고 나무 밑에서 굶주림과 피곤에 지쳐 거의 죽어 가던 어떤 사람의 이야기를 들은 적이 있다. 몸이 쇠약해 있었기 때문에 병적인 상상력이 움직여 그의 주위에 기괴한 환영이 연달아 모습을 드러냈는데, 본인은 그 환영을 실재의 것으로 믿었기 때문에 오히려 고독을 느끼지 않았다는 것이다. 이와 마찬가지로 우리가 육체적·정신적 건강과 힘을 지니고 있으면, 위에 서술한 경우와 비슷하지만 좀 더 정상적이고 자연스러운 교제에 의하여 기운을 얻게 되며 자신이 결코 혼자가 아님을 알게 될 것이다.

우선 주제의 상당 부분이 처음 단락[1]과 마지막 단락[5]에 있음을 알 수 있다. 이제 나머지 단락을 속독하면서 각 단락의 처음과 마지막 문장에 유의하며 작가의 의도를 파악하는 데 필요한 단어 몇 개만 읽어 내는 법을 살펴보자. 문장의 시작과 끝은 중요하며 쉼표를 쉬어 읽는 기준으로 삼고 빗금은 완전히 끊어 읽는다.

[1] 나는 대부분의 시간을 혼자 지내는 것이 건강에 이롭다고 생각한다./— — — — — — — — — — — — — — 곧 지루하고 — — — 산만해진다./나는 혼자 있는 것을 좋아한다. — — 고독처럼 — — — — 좋은 친구는 — — — — — — —./— — — — — — — — — 홀로 있을 때보다 — — — — 사람들 사이 — — — 더 고독— —./생각— — — 일 — — 사람— — — — — — 항상 혼자 —./고독은 — — — — — — — — — — 거리로 측정 — — — — — 아니다. — — — — — — — — — 우글거리는 교실 — — — — — — — — 공부하는 학생 — — — — — — — — — 고독한 것이다./

[2] 하루 종일 혼자 — — — — — — — — — 농부는 일에 몰두해 — — — — 외로움— — — — 없다./그러나 밤에 집에 — — — — — — — — — — — — — 가만히 혼자 — — 있을 수 없다./그래서 — '사람들을 만나' 기분 전환을 — — — — — — 간다./따라서 농부는 학생이 — — — — — — — 혼자 — — — — — — — 권태와 '우울증'을 느끼지 않는지 — — — — — — —./농부는 그 학생이 집에 있지만 — — — — — — — — — — — — — — — — — — —, — — — — — — — — — — — — — 농부와 다를 바 없이 — — — — — — — — — 사실을 이해하지 못한다./

[3] 인간들끼리의 교제는 대체로 너무 싸구려다./너무 자주

만나기 때문에 서로에게 줄 어떤 새로운 가치를 획득할 시
간이 없다. – – – – – – – – – – – –
– – – – – – –, – – – – – – – – – – –
– – – –. 우리는 이 빈번한 만남을 참을 수 없게 되어 – –
– – – – 싸움판이 벌어지는 일이 없도록 – – – – 예의범
절이라는 일정한 규칙을 – – – 합의– – – –./
[4] 우리는 – – – – – – – – – – – – – 매일 – – – –
– – 만난다./우리는 너무 엉켜 살아서 서로에게 방해– –
– – – – – – – – – – – – – – – – –./그 결과 – – –
서로에 대한 존경심을 잃어버린다./– – – 간격을 두고 만
나도 – – – – 흉금을 터놓는 의사소통에는 전혀 지장이 없
을 것– –./– – – – – – – – – – – – – – – – – – –.
– – – – – – – – – – – – – –. – – – – – – –
– – – – – – – – – – – – – – – – – –
– –. 사람의 가치는 피부 – – – – – – 아니므로 – – –
– 만져 보아도 알 수가 없다./
[5] – – – – – – 길을 잃고 – – – – – – – – –
– – – 거의 죽어 가던 어떤 사람의 이야기– – – – – –
–./ 몸이 쇠약해 – – – – – – 병적인 상상력이 – – – –
– – – – 기괴한 환영– – – – – – – – – – – –,/본인
은 그 환영을 실재의 것으로 – – – – – – – – – 고독을
느끼지 않았다– – – – –./이와 마찬가지로 우리가 육체적·
정신적 건강과 힘을 – – – – – –,/– – – – – – – – –

– – – – 좀 더 정상적이고 자연스러운 교제에 의하여 기운을 얻게 되며/ – – – 결코 혼자가 아님을 알게 될 것이다./

일부러 보편적인 이야기가 아닌 철학적이고 난해한 작품을 골랐지만 모든 단어를 다 읽지 않고도 내용 파악이 가능하다. 연주자는 소프라노, 알토, 테너, 베이스 혹은 각 파트와 반주가 같이 있는 악보 네다섯 줄을 한눈에 빠르게 읽어 낸다. 전체 내용을 한 번에 훑어 내리는데 상대적으로 익숙한 연주자의 능력은 속독에도 그대로 적용된다. 연주자는 악보를 읽을 때 대위법으로 정형화된 쉬운 부분은 건너뛴다. 이것은 주제에 집중하기 위해서다. 속독을 하는 학생도 연주자와 마찬가지로 쉽게 추측이 가능한, 덜 중요한 단어나 반복되는 부분을 건너뛰고 주제에 집중해야 한다.

어릴 때는 속독의 진정한 위력을 제대로 느끼기 어렵다. 하지만 나이를 먹어 갈수록 속독이 얼마나 큰 도움이 되는지 뼈저리게 깨닫게 된다. 대학에서 속독이 안 되면 좋은 학점을 받기가 거의 불가능하다. 어릴 때부터 부지런히 속독을 연습해 두자.

10

{ 경쟁을 통해 승부욕을 자극한다 }

무미건조하고 힘들기만 한 공부에 게임 같은 묘미를 주고, 없던 노력도 하게 만들려면 공부를 대결로 만들라. 본능적인 경쟁의식이 이것을 가능하게 한다. 자신보다 약간 뛰어난 친구와 암기 시합을 하거나 성적 경쟁을 하되 부정적인 생각에 빠지지 않도록 주의하자. 또한 자신의 '실수'와 싸우며 공부와 암기 효과를 그래프로 그려 보자. 이렇게 하면 팍팍하고 힘든 공부에서도 권태감 없이 최고의 효율을 발휘할 수 있다.

운동선수가 되는 데 얼마나 많은 노력이 필요한지, 얼마나 고된 시련을 이겨 내야 하는지 생각해 본 적이 있는가? 어부가 날아오르는 송어를 잡기 위해 얼마나 많은 가시덤불과 늪을 헤치고 지루한 길을 묵묵히 가는지 아는가? 사냥꾼은 날도 밝기 전에 일어나 배고픔과 추위, 습기와 싸우며 하루 종일 몸을 웅크리고 오리 떼가 날아오르길 기다린다. 12월의 눈 덮인 산골짜기를 오르내리며 곰을 쏠 단한 번의 기회를 잡기 위해 사냥꾼이 얼마나 고군분투하는지 상상해 본 적이 있는가?

부모들은 혼신의 힘을 다해 운동을 하던 아들이 그 열정으로 공부를 좀 하면 좋을 텐데 책상 앞에만 앉으면 병든닭처럼 축 처져서 의욕 상실에 빠지는 이유를 도무지 알지못한다. 그건 아마도 공부에 하등 도움이 안 되는 활동은최고로 즐겁지만, 피가 되고 살이 되는 공부는 재미가 없어도 너무 없기 때문일 것이다. 여기엔 짓궂은 사실이 숨어 있다. 사냥꾼, 어부, 운동선수의 행동은 인류의 탄생과동시에 생겨난 놀이 본능을 따르지만 공부는 그렇지 않다는 점이다.

앞서, 재미없고 어려운 것도 쉽게 받아들일 수 있게 해주는 습관의 힘에 대해 이야기했다. 주변에서 공부 시간을 규칙적으로 정해 그 시간이 되면 공부에 몰입하라고 조언해 준다면 습관의 법칙을 알고 있는 사람임에 틀림없다. 여기서 한 가지 더. 조상 대대로 이어져 내려온 '놀이 유전자'가 우리의 본능에 자리 잡고 있다는 것을 인정하자. '놀이 유전자' 본능에 따르는 모든 행동은 사실 엄청나게 즐겁다. 유구한 세월 동안 인류는 사냥을 하고 고기를 잡았고, 일부 후손은 본능적으로 선조의 일을 여전히 자신의업으로 삼고 있다. 또한 셀 수 없이 오랜 세월 동안 인류는 몸싸움을 해 왔으며 운동 경기는 이러한 전투 정신의 발현으로 전장에서의 짜릿한 감각을 되살려 준다. 그래서 청소년이 운동에 열광하는 것이다. 현대 사회에서 투쟁 본능은 놀이를 통해 발현된다. 저명한 심리학자 그랜빌 스탠리 홀의 연구에 따르면 청소년은 실제로 싸움에는 나서려고 하지 않지만 운동 경기에서는 전투 본능을 유감없이 발휘한다. 축구, 야구, 테니스, 농구 등 모든 운동 경기는 최고를 향한 대결로 이루어져 있고, 전투 요소를 골고루 갖추고 있어 누구나 순식간에 빠져든다. 전투는 운동 경기에만 국한된 것은 아니다. 체스, 바둑, 포커와 같은 치열한 두뇌 게임에서는 머리를 쓰는 일이 희열이 된다. 대결이 그렇게 만들어 준다. 체스는 최고의 전략을 가진 쪽이 이기는 완전한 전쟁 게임이다. 킹과 비숍, 나이트는 전투를 지휘하고, 폰은 일반 병사이며 룩은 뺏고 뺏기는 요새다. 포커도 전략과 전술을 겨루는 대결이다.

인류는 생존을 위해 투쟁해 왔다. 먹을 것을 얻기 위해, 집을 구하기 위해, 부를 쌓기 위해, 교역을 하기 위해, 사회적 지위를 획득하기 위해. 그리고 이러한 투쟁의 결과로 경쟁을 사랑하는 본능이 거의 모든 놀이의 기본 법칙이 되었다. 경쟁 본능은 일과 사업에 묘미를 더해 준다. 인간은 경쟁이 있을 때 극한까지 노력을 한다. 육상 선수가 100미터를 10초대에 달리려면 경쟁자가 필요하다. 마라톤 주자에게도 최고 기록을 낼 수 있게 만들어 주는 페이스메이커가 있어야 한다. 체스도 혼자 말을 옮기며 수를 고민할 때보다 상대방이 앞에 앉아 있을 때 실력이 제대로 발휘된다.

이처럼 싸우고, 경쟁하고, 겨루고 모방하려는 본능은 강력하다. 이 강력한 본능을 공부에 응용하면 당연히 효과가 있다. 특히 어렵고 무미건조한 과목일 경우에 그렇다. 올바른 경쟁의식은 학생에게 상당히 도움이 된다. 그러나 같은 반의 다른 학생과 벌이는 경쟁이 증오와 친구 관계 단절을 불러온다면 올바른 경쟁이 아니며, 그럴 바에야 차라리 경쟁하지 않는 편이 낫다. 선의와 우정이 공부보다 중요하다. 그러나 경쟁자의 실수나 불행을 고소해하지 않고, 최선을 다하도록 긍정적으로 자극하는 경쟁자의 모습에서 희열을 느끼는 선의의 경쟁이 존재한다고 나는 믿는다. 이런 경쟁에선 상대방이 이겼다고 해서 패배감에 시달리지 않고 자신이 이겼을 때도 오만해지지 않는다.

학교에서는 운동 경기를 통해 이처럼 관대한 경쟁을 배운다. 공부도 그렇게 하면 안 될까? 경기를 할 때는 경쟁 상대이지만 경기가 끝나면 다시 친구로 돌아온다. 변호사가 소송에서는 상대방 변호사를 죽일 듯이 덤비지만 판결이 나고 나면 다시 좋은 동료로 돌아가는 것처럼 말이다.

공부할 때 경쟁심을 키우기는 쉽다. 자신을 둘러싼 모든 친구가 공부를 하고 있기 때문이다. 쪽지 시험을 포함해 시험은 모두 자신의 능력을 친구와 겨뤄 볼 수 있는 기회다. 성적표는 경쟁을 바탕으로 누가 일등인지, 다른 친구들과 비교했을 때 나의 결과는 어떤지 알 수 있는 명확한 잣대다. 같은 과목에서 자신보다 조금 성적이 좋은 친구를 하나 골라 경쟁자로 삼고 비슷하거나 더 좋은 성적을 받을 수 있는지 시험해 보자.

우정을 희생하지 않는 선의의 경쟁이 존재한다고 믿지만 몇 번을 시도해 봐도 경쟁에서 헤어 나오기 힘든 열패감을 경험한다면 타인과의 경쟁은 싹 잊고 포기하자. 그 대신 골퍼들이 '보기'라 부르는 '실수'를 줄이듯 스스로와 경쟁하자. 매일의 노력을 비교해 보기 위해 성취도 점검 그래프를 그리자. 오늘 영어 문장을 몇 개나 해석했는지, 내일은 몇 개인지, 모레는 몇 개인지 말이다. 그래프를 통해 공부의 힘이 얼마나 향상되었는지 알 수 있을 것이다.

'실수'와 싸우는 동안 수업 시간에 집중력을 높이는 방법이 하나 더 있다. 바로 집에서 예습과 복습을 할 때 모르는 문제를 정리해 일일이 해답 노트를 만드는 것이다. 하나하나 정답을 기록하고 그 과정을 꼼꼼하게 기록한다. 수업이 끝난 후에는 모르는 문제를 완벽하게 해결해 두자. 매일 이 과정을 그래프로 기록해 본다. 곡선이 점점 위로 올라가는 것을 확인하게 될 것이다.

11
{ 공부를 위해 에너지를 아낀다 }

피로한 머리로 공부가 될 리 없다. 피로가 오기 전에 멈추자. 시간마다 적어도 10분 정도 쉰다. 몸이 피곤하거나 기름진 음식을 먹고 나서는 공부하지 않는다. 흥분제나 강장제를 피한다. 효율적으로 공부하고 싶다면 재미난 친구와 너무 자주 어울리지 않는다. 마지막으로 필요할 때 최대한의 에너지를 낼 수 있도록 규칙적으로 적당량의 식사를 한다.

공부는 노동이며, 노동 중에서도 고된 축에 속한다. 다른 모든 '노동'이 그렇듯이 효과적으로 공부하려면 에너지가 필요하다. 몸이 피곤한 것처럼 마음도 지치기 때문이다. 어떤 측면에서 이 두 가지가 인간에게 미치는 영향은 같다. 매일 장시간 근육을 소모하는 육체노동을 하면 몸이 마르듯이 정신노동은 급격한 체중 감소를 불러오진 않지만 몸과 마음을 모두 지치게 해 효율을 떨어뜨린다. 지친 정신으로는 장기 기억이 불가능하다는 사실을 명심하자.

육체 피로는 정신 피로와 마찬가지로 효과적인 공부에 치명적이다. 뇌는 다른 신체 기관의 피로에 민감하다. 피로로 인해 근육에서 생성된 젖산과 칼륨은 혈관을 타고 모든 장기로 흘러든다. 지친 말에게서 채혈하여 팔팔한 말에게 주입하면 잠시 후 팔팔한 말도 피로 증상을 보인다.

육체 피로는 보통 가장 지친 곳, 즉 가장 부담이 가중된 곳에서 생긴다. 그러나 극심한 육체 피로가 정신 피로를 불러일으키는 경우도 있다. 육체가 피곤하면 정신이 피로할 때와 마찬가지로 효과적인 학습이 이루어지지 않는다. 의외로 많은 사람이 잘못 알고 있는데 격렬한 육체 활동으로 정신 피로를 푼다는 것은 말도 안 된다. 적절한 운동은 확실히 건강에 도움이 된다. 하지만 피로한 정신을 치유하는 최상의 방법은 몸과 마음을 다 같이 쉬게 하는 것이다. 그리고 최악의 방법은 저녁에 공부하겠다고 하면서 낮에 격렬한 운동을 하고 들어오는 것이다.

아주 특별한 사람을 제외하고 격렬한 육체 활동과 강도 높은 정신 활동을 24시간 내에 동시에 병행하기란 불가능하다. 이 두 가지를 지속적으로 병행하는 생활은 건강을 해친다. 컨디션 난조와 신경 쇠약은 육체를 피로하게 할 뿐 아니라 정신도 지치게 만든다. 물론 인간은 무기력하게 나태해지고 싶은 성향을 타고났기 때문에 청소년이 정신과 육체를 모두 혹사시키는 일은 드물다. 그래서 육체적인 욕구가 강한 청소년은 몸이 지치면 책에 엎드려 쿨쿨 잠에 빠져드는 것이다. 육체를 격렬하게 사용하는 데 에너지를 소모한 날은 정신 활동을 지속할 수 없다는 법칙을 다시 한 번 기억하자. 이 법칙에 예외는 거의 없다. 괴물 같은 회복력을 지닌 극소수가 있긴 하지만 대부분의 평범한 사람은 여기에 해당되지 않는다.

정신적으로 에너지를 많이 소모할 필요가 있을 때는 육체를 쉬게 해 주는 것이 좋다. 작가는 창작을 할 때 정신력을 가장 많이 사용한다. 브룩팜이라는 농장을 설립한 뉴잉글랜드의 작가들은 텃밭을 가꾸면 창작을 더 잘할 수 있으리라 착각했다. 그러나 현실은 기대와 달랐다. 장시간 텃밭을 가꾸느라 근육을 쓰고 나니 창의적인 두뇌 활동을 할 여력이 남질 않았다. 마크 트웨인은 침대에서 글을 썼다. 침대에서는 육체가 완전히 편안한 상태가 되어 모든 에너지를 창작에 쏟아부을 수 있었기 때문이다. 마르셀 프루스트도 누워서 글을 썼다. 아널드 베넷이 쓴 소설 『위대한 사람』에서도 주인공이 홍역으로 침대에 누워 있는 동안 자신의 작가적 재능을 발견하는 대목이 나온다.

그러나 부디 방금 언급한 몇몇 천재의 사례를 가지고 극단적으로 운동을 멀리하지는 말기를, 오히려 육체의 힘을 최대로 키우기를 바란다. 성적은 폐활량과 관계가 있다는 결과도 있으니 말이다. 넓은 어깨와 탄탄한 몸매가 업무에서 지속되는 긴장 상태를 견디기 위한 최적의 조건이라는 사실은 두말할 필요도 없다. 정신적으로나 육체적으로, 성장기에 얻을 수 있는 모든 것을 다 얻도록 하자. 그러나 정신이든 육체든 최대의 힘을 확보하려면 피로에 절 때까지 하얗게 불태워서는 안 된다.

그리고 학생은 자신의 신체 특성을 간과하지 말아야 한다. 지나치게 격렬한 운동을 하는 것보다 신체 특성을 무시하는 쪽이 훨씬 위험하다. 정신을 상쾌하게 유지하기 위해 적당한 운동을 하는 것은 대단히 중요하지만 완전히 탈진돼서 근육이 떨릴 때까지 축구나 농구를 하는 것은 공부에 치명적이다. 산을 오르는 데 에너지를 전부 써 버린 등산가는 정상에 대한 청사진을 그릴 수 없기 때문에 왜 그 고생을 하는지 목적을 망각하고 만다. 밤늦도록 지칠 정도로 공부한 학생은 다음 날 아침에 전날 공부한 내용을 기억해 내지 못한다.

지나친 공부에서 오는 정신 피로는 대학생보다 고등학생에게 자주 나타난다. 사람마다 편차가 크고 병리학적 조건이 일정하지 않기 때문에 정신 피로를 감지하는 것은 쉽지 않다. 정신 피로의 일반적인 증상은 공부의 질이 떨어지고, 주어진 시간 동안 학습량이 줄어들며, 산만해져서 눈앞의 일에 집중하지 못한다. 정신 피로는 무관심과 능률 저하를 일으킨다. 그리고 무력감과 함께 잠들고 싶은 강렬한 욕구가 생기면서 두통과 불안이 찾아온다. 신경이 예민해지면서 소음에 민감해지고 울화와 히스테리를 동반한 초조와 신경질을 보이는 것은 정신 피로의 마지막 단계다. 때로는 이런 상태를 극복하는 데 몇 개월이나 걸리기도 한다.

잡일에 신경을 분산하고 친구들과 어울려 놀며 학습을 위해 에너지를 비축해 두지 않은 학생은 시험 기간에 벼락치기로 쓰러질 지경이 되고 대학 따위 생각도 하기 싫어지는 반면, 자신의 정신과 육체의 기력을 꾸준히 잘 관리해 열심히 공부한 학생은 계속 성적이 오르게 되어 있다.

정신 피로의 초기 증상은 발견하기 어렵다. 피로하지 않은데도 지겨울 때가 있다. 이런 피로는 공부에 몰입하면 곧 사라진다. 반대로 무리한 공부는 때로 뇌를 지나치게 자극한 나머지, 정신도 또렷하고 공부도 머리에 쏙쏙 들어오는 것 같은 착각을 일으키기도 한다. 이때는 자신의 느낌보다 공부한 시간으로 피로도를 판단하는 편이 현명하다. 실제로 신경 피로가 찾아오면 되돌리기 매우 어렵기 때문이다. 5~10분간 잘 쉬면 40~50분간은 신경 피로를 피할 수 있으며 상쾌하고 맑은 정신을 유지할 수 있다. 규칙적인 휴식이 결과적으로는 시간을 아끼는 길이다.

황금 같은 휴식 시간에 다른 일을 하는 것은 바람직하지 않다. 해 왔던 일을 다른 것으로 바꾸면 자극이 뒤따르기 때문이다. 5~10분 정도의 가벼운 산책 정도는 도움이 된다고 밝혀졌지만 심심풀이로 다른 일을 하는 것은 쉬는 게 아니다. 특히 어려운 공부를 할 때 가장 도움이 되는 것은 몸과 마음을 온전히 편안하게 하는 휴식 시간이다.

　최상의 컨디션으로 학교 공부를 하고 싶다면 자극제와 흥분제를 피하도록 하자. 고등학교 때는 특히 커피와 강장제, 담배를 조심해야 한다. 청소년기에는 성장이 급격해 심장 박동이 불규칙해지고 약화되기 쉽다. 커피, 강장제, 담배는 새로운 조직과 모세 혈관에 혈액을 강제로 빠르게 보낸다. 이런 작용은 실제로 필요한 것보다 심장을 더 뛰게 만든다. 담배는 심장을 약하게 하고 과부하를 일으킨다. 그래서 활력을 빼앗고 무기력과 게으름을 유발하며 피부가 푸석푸석해져서 아파 보이게 한다.

　고등학생과 대학생을 대상으로 한 조사에서 흡연자는 10~15퍼센트 정도 효율이 떨어진다는 사실이 밝혀졌다. 일반적인 능력을 가진 학생이 흡연 습관을 가지면 성적이 떨어지게 된다. 어떤 사람들은 흡연 학생의 성적이 나쁜 이유가 니코틴 중독 때문이 아니라 원래 성적이 나쁜 학생이 담배에 쉽게 빠지고 타락하는 것이라고 주장하는데, 성적이 나쁜 것은 흡연으로 인한 결과이지 원인이 아니다. 부모의 완전한 동의하에 집에서 공개적으로 담배를 피울 수 있고, 흡연이 비행이란 생각이 전혀 없는 학생이 아니라면, 흡연 행위에 대한 심리적 모순 때문에 흡연 욕구에 더욱 휘둘리게 된다. 그런 심리적 영향으로 흡연을 하는 학생은 성적이 떨어지기 마련이고 금연한 학생은 마음의 평온이 회복되어 다시 성적이 올라간다.

커피는 자극제다. 즉각적인 효과로 피곤할 때도 공부를 계속하게 만들어 준다. 바로 그 이유로 커피는 위험하다. 대뇌를 자극하는 즉각적인 효과로 추론 능력과 상상력이 높아지는 듯싶지만 카페인은 궁극적으로 마음을 나약하게 만드는 작용을 한다. 담배와 커피를 하는 운동선수는 좋은 컨디션을 계속 유지할 수 없다. 학생도 마찬가지다. 성장기의 청소년은 특히 커피, 차, 담배를 멀리해야 한다.

또한 식습관을 바르게 하는 것만으로도 공부에 필요한 에너지를 상당히 비축할 수 있다. 기름진 음식은 한 시간 이상 충분히 쉬면서 소화시킬 여유가 있을 때 먹도록 하자. 우리 몸의 소화 기능은 기름진 한 끼 식사를 소화하기 위해 상당한 에너지를 소모한다. 몸이 아플 때 의사는 기름진 식사를 멀리하고 죽 같은 가벼운 식사를 하라고 권한다. 체내의 에너지가 음식을 소화하는 데가 아니라 병을 떨치고 회복하는 데 쓰여야 하기 때문이다. 다른 무언가에 에너지를 써야 한다면 식욕을 줄이자. 점심을 과하게 먹었다면 2시까지는 일을 제대로 할 수 없다. 낮 시간에 공부를 하고 싶다면 과한 점심 식사는 피해야 할 것이다.

사람들 대부분은 소고기를 먹고 난 직후 정신노동을 하는 데 어려움을 느낀다. 그나마 덜 익은 소고기는 완전히 익힌 것보다 소화시키는 데 에너지가 덜 든다. 양고기는 소고기나 돼지고기보다 소화가 잘된다. 생선은 소화가 잘되어 특히 정신노동자에게 좋다고 알려져 있다. 저명한 의사

허치슨의 견해에 따르면 "정신노동자에게는 화학적 영양 성분보다 '음식물의 소화'가 중요"하기 때문에 과식이나 폭식은 과로와 유사한 피로를 느끼게 한다. 이러한 피로는 요산 중독에 의한 것으로 정신 활동을 어렵게 만든다.

학생 입장에서 행복과 효율을 증진시킬 건강 관리법은 다음과 같다.

1. 과도한 운동 또는 공부 전, 지나치게 피곤하거나 흥분했을 때를 제외하고 충분하다고 느낄 만큼 천천히 먹는다.

2. 아침에 일어났을 때와 잠들기 전에 물을 한 컵씩 마시고 세끼 사이사이에도 물을 충분히 마신다.

3. 아침에 일어났을 때와 잠들기 전에 창을 열고 5~10분간 크게 심호흡을 하고, 아침저녁으로 방을 환기시킨다.

4. 규칙적으로 운동하고 운동을 충분히 즐긴다. 운동은 천천히 시작하고 부드럽게 마무리하며 피곤을 느끼기 전에 끝낸다.

5. 적당한 운동 뒤에는 샤워를 한다. 샤워는 따뜻한 물로 시작해 냉수로 마사지하듯 끝낸다. 물기는 올이 굵고 거친 타월로 힘차게 닦아 준다.

6. 규칙적인 수면 습관을 유지하며, 24시간 중 적어도 8시간은 잔다. 정신적으로 지나치게 피곤해서 잠

이 오지 않을 때는 잠들기 전에 따뜻한 물로 샤워
한다.

7. 몸과 마찬가지로 머리도 적당한 간격으로 쉬어 준
다. 휴식 시간은 나이, 건강 상태, 공부의 강도에 따
라 다르지만 고등학교 1학년이라면 30분 정도 집
중하여 공부한 후 5~10분 정도 쉬는 것이 적당하
며, 고등학교 3학년쯤 되면 1시간 정도 공부한 후
쉬는 것이 바람직하다.

2부
무엇을 어떻게 공부할까?

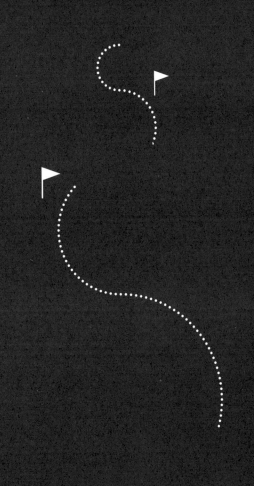

{ **1 역사** }

역사는 왜 공부할까?

"역사는 인간을 지혜롭게 한다."

인간의 뇌가 학습할 수 있다는 것은 인류에게 엄청난 축복임에 틀림없다. 언어라는 매체와 책을 통해 지식을 축적할 수 있는 것도, 다른 사람의 조언에 힘입어 스스로 생각해 내기 어려운 법칙을 행동에 적용할 수 있는 것도 모두이 덕분이다. 쉽게 말해 인간은 타인의 경험을 토대로 삼아 더 나은 삶으로 나아갈 수 있으며, 모든 교육은 이에 바탕을 두고 있다.

아이는 어릴 때 해롭다고 배운 것을 자제하고 이롭다고 배운 것을 즐겨 하게 된다. 따라서 기본 교육을 하지 않으면 아이의 생명이 위태로울 수도 있다. 아이는 차도에 서

있으면 차에 치어 죽거나 심각하게 다친다는 얘기를 들었기 때문에 차도에서 벗어나 차를 피하고, 독버섯을 먹으면 죽는다는 얘기를 들었기 때문에 독버섯을 멀리한다. 그러나 만약 누군가 산사자나 맨드레이크 열매가 맛있다고 한다면 아이는 아마 숲에서 비슷한 종류의 독이 든 야생 열매를 좋다고 주워 먹을 것이다.

인간은 아동기를 지나 올바른 사회적 행동을 취해야 하는 청년기에도 타인의 경험을 거울로 삼는다.

"A가 그렇게 해서 어떻게 되었는지 보렴."

"B가 안 되는 일을 억지로 하다가 곤경에 처해 힘들어한다더라."

"그래, 저것 봐. C가 얼마나 바보 같은 짓을 했는지, 원."

"D가 이러저러한 상황에서 이렇게 훌륭한 행동을 했다고 칭찬이 자자하더라."

청년이 현명하게 행동하고 어리석은 실수나 불행을 만나지 않게 안내하는 판단 근거와 행동 법칙은 이렇게 타인의 경험을 바탕으로 한다.

역사는 거시적으로 말하면 행동에 대한 공부다. 학생은 역사를 통해 인류가 수 세기 동안 닥친 수많은 문제와 역경을 어떻게 헤쳐 왔는지 배울 수 있다. 친구들의 행동 같은 일시적인 판단 근거가 아닌 장구한 시간이 인류의 행동에 정확한 심판을 내려 주며, 시간의 시험을 거쳐 옳다고 여겨진 행동은 널리 확산된다. 유능한 학생이라면 역사에서 빈번히 발생했던 유사한 상황에서 어떤 것이 올바른 행동인지 깨달을 수 있을 것이다. 일례로 역사 인식을 가진 사람이 무모하게 전쟁에 뛰어들 가능성은 거의 없다. 역사 인식이 있다면 전쟁이 어떤 것인지 너무나도 잘 알 것이기 때문이다. 그리고 한 걸음 더 나아가 의식적이든 무의식적이든 행동을 지배하는 좀 더 차원 높은 사고를 할 것이다. 이 사고에 반하는 행동을 하기란 거의 불가능하다. 비단 역사에 특정 유사 사례가 있고 그것이 떠올라 그렇게 행동하는 것이 아니다. 역사 사실은 잊었지만 잠재의식 속에 역사의 편린이 남아 일상의 판단과 결정에 영향을 미치는 것이다.

역사를 살펴보면 도덕 판단이 필요한 행동은 시험에 처하며, 역사를 배우는 학생은 그 결과를 알 수 있다. 나태, 잔인, 배신, 비겁은 인과응보를 받는다. 적에게 관용을 베풀지 않거나 전우를 배신한 왕은 결국 참수형을 당하고, 쾌락을 탐닉하는 왕자는 왕국을 잃으며, 잔인한 독재자는 대가를 치러 형장의 이슬로 사라진다. 또한 역사서에는 진실과 선의의 위업도 함께 기록되어 있다. 스파르타의 왕 레오니다스는 자신의 목숨을 바쳐 그리스인에게 승리하는 영웅이 무엇인지 가르쳤으며, 러시아의 개혁 군주 표트르 대제는 나라를 위해 스스로 다른 나라의 학문을 공부했고, 미국의 초대 대통령 워싱턴은 마지막까지 희망을 잃지 않고 미국 독립 전쟁에서 마침내 승리를 일궈 냈다.

개미나 꿀벌이 군집을 이루어 살듯이 인간도 무리를 지어 사는 사회적 동물이다. 인류의 성취는 산업에서, 정부에서, 교육에서 다방면으로 협력해 온 결과다. 이 협력의 진리를 가장 설득력 있고 강력하게 주장하는 학문이 역사다. 현재의 모든 사회, 정치, 종교, 경제 기구는 과거에 기반을 두고 있다. 그래서 우리가 과거를 모르면, 적어도 사회 제도의 기원과 발전에 대해 약간이라도 알지 못한다면 우리가 속해 있는 사회에 대한 전체적인 이해가 불가능해진다. 국제 관계 혹은 국제 간에 발생하는 상황도 해당 국가 간의 역사를 배제하고 생각할 수 없다. 역사적 소양을 갖춘 정치가에 의해 비로소 일련의 정치적 움직임이 파급 효과를 나타내고 자국의 법적 조치가 대외에 알려진다. 정치가는 사전에 국내외적으로 해당 조치가 어떤 역사적 의미를 지니는지, 그 조치를 실행하기 위해 어떤 수단과 방법을 취해야 하는지 알아야 한다. 에드먼드 버크는 역사 지식이 정치가에게 얼마나 도움이 되는지 똑똑히 보여 주는 좋은 사례다. 버크는 미국에서 혁명이 일어나는 것을 막을 방법을 알고 있었다. 그는 의회 연설로 영국에서 군대가 전쟁을 통해 이루지 못한 단결을 이루어 냈다.

역사는 모든 사람이 어느 정도 정치 성향을 가질 수밖에 없는 민주 시민에게는 더욱 값진 학문으로, 공공의 문제에 합리적인 판단을 내리도록 돕는다. 역사에 배경지식이 없는 사람에겐 모든 사건이 아무 개연성 없이 일어나는 것처럼 보인다. 그러나 역사를 공부한 학생은 사건의 발생 원인을 파악하고 진보의 바퀴에 올라 원하는 방향으로 현명하게 나아갈 수 있다. 역사 공부 덕에 좀 더 능률적인 사회 구성원으로서 권력을 행사할 수 있게 되는 것이다. 역사는 크게 보면 사회 효율과 지혜의 원천이다.

고등학교에서 역사를 공부하는 시간은 3년이다. 크게 고대, 중세와 근대, 현대로 구분했을 때 역사에 투자할 시간은 상대적으로 한계가 있으므로 어떤 방식으로 접근하는지가 중요하다. 고등학교에서는 연대에 따라 고대부터 시작하는 편이 좋다. 고대 및 중세에 대한 이해는 역사뿐 아니라 국어와 문학, 예술의 이해를 도와 해당 학문에 흥미와 의미를 돋우기 때문이다.

역사, 이렇게 공부한다

우선 지난 시간에 배운 내용을 되새겨 본다. 그러고 나서 공부할 부분의 제목과 부제를 훑어본다. 공부할 부분의 개요가 목차 형식으로 주어져 있으면 그것을 읽는다. 만약 제목이나 부제가 지난 시간에 언급했거나 관련 문제에 해답을 제시하는 것이면 지난 시간에 배운 내용을 반영해서 읽어 본다. 그리고 해당 부분에 대해 예전에 읽었던 게 있는지 떠올려 본다. 몇 분이나마 이러한 준비 과정을 거치면 다음과 같은 두 가지 효과를 거둘 수 있다.

1. 뇌세포를 활성화시키고 호기심과 흥미를 자극하는 본격적인 공부를 위한 워밍업 작용
2. 기존 지식과 새로운 지식이 연계되면서 읽은 내용을 알차게 파악하고 내 것으로 만드는 역할

이제 공부할 부분에 대해 완벽한 줄거리가 머리에 들어오도록 전체를 통독한다. 중간에 멈추지 말고 끝까지 다 읽는다. 원인과 결과, 유사성과 차이점을 결부시켜 본다. 세부 내용이 어떤 관계를 맺고 있든 전체라는 관점에서 읽었기 때문에 각 세부 내용의 가치와 중요성이 큰 그림 안에서 그려진다. 이렇게 통독하면 관계가 파악되어 기억이 더욱 쉬워지며, 세부 내용을 이해하고 제대로 느낄 수 있다.

두 번째로 읽을 때는 문단과 문단 사이에서 한 번씩 되새겨 가며 주제 의식, 서술된 사건과 묘사된 인물을 깊이 생각해 역사적 인물의 행동을 판단한다. 마지막으로 중요한 내용으로 제목을 만들고 그 아래 세부 내용을 묶어 역사 공부를 위한 개요를 작성한다. 수업 직전에 이 개요를 훑어보면 개요에 적혀 있는 것보다 많은 세부 내용을 기억해 낼 수 있을 것이다. 개요를 시각화할 것을 다시 한 번 강력히 추천한다.

{ 2 국어 }

언어는 보통 문학, 문법, 논술 등을 포함한다. 혹자는 여기에 낭독과 구술을 포함하기도 한다. 국어 공부는 왜 하느냐는 질문은 너무 광범위하다. 질문을 이렇게 나눠 보면 어떨까?

문학은 왜 공부할까?

예술과 문학의 필요성을 전혀 느끼지 못하는 메마른 학생이 이런 질문을 자주 한다. 귀머거리에게 음악은 소음이고, 장님에게는 위대한 화가의 작품도 별 의미가 없을 수 있다. 꼬집어 말하기는 어렵지만 문학 감수성이 부족한 사람에게 문학은 예술적 가치가 없을 수 있다. 시를 전혀 좋아하지도 좋아할 리도 없는 사람이 그런 사람이다. 운율, 분위기, 행복을 머금은 단어를 통해 많은 사람에게 절묘한 기쁨을 주는 문학이 이런 사람에게는 단조로운 글자의 나열일 뿐이다. 이런 사람은 문학의 효용을 알지 못한다.

다행히 이렇게 불행한 사람은 매우 드물다. 대다수의 학생은 문학 수업을 통해 이전까지 알지 못했던 기쁨의 원천을 발견하며 그것이 바로 문학을 공부할 이유가 된다. 이 순수한 즐거움이야말로 문학의 존재 이유다. 선의, 영웅심, 이상적 진리를 아름답게 느끼도록 하는 것이 시인의 역할이다. 그래서 문학은 삶을 우아하게 만든다. 오래된 라틴어 속담을 빌려 거창하게 표현한다면 '문학이 정신에 침투하여 정신을 빼앗아 버리지만 않는다면, 문학은 자연적 기질을 교정하여 더 나은 방향으로 바꾸어 준다.'

소설만 너무 많이 읽으면 오히려 나쁜 영향을 줄 수 있지만 소설은 대체로 유익하므로 소중히 여겨야 한다. 훌륭한 소설은 인간의 본성을 적나라하게 표현해 인간의 행위를 이해하는 데 도움을 주며, 향후 현명하게 행동하기 위한 잠재의식으로 작용한다. 훌륭한 소설은 일상적이지만 뛰어난 어휘로 쓰여 있어 어휘력 증진에도 보탬이 된다. 집에서 영어를 전혀 사용하지 않는 외국 출신 학생이 학교에서 배운 위대한 작가의 작품에서 문체와 어휘를 습득해 훨씬 세련된 영어를 구사하는 경우를 많이 봤다. 능력 있는 글쓰기

교사는 위대한 작가를 끊임없이 연구하고 모방해, 그 기교를 수업으로 전달해 주는 사람이다.

문법은 왜 공부할까?

언어를 배울 때는 그대로 따라 하는 게 백 마디 설명을 듣는 것보다 낫다. 우리는 주변 사람이 사용하는 언어를 무의식적으로 따라 하며 그렇게 형성된 말투는 의식적인 공부와 노력으로 고치기 힘들다. 그래서 주변 사람이 바른 언어 표현을 사용하면 나도 바른 언어를 쓰고, 주변 사람이 잘못된 표현을 쓰면 나도 잘못된 표현을 쓰게 된다. 잘못된 언어 습관을 가진 사람이 이사를 가서 교양 있는 사람들과 사귀면서, 점차 잘못된 문법과 미숙한 표현을 버리고 새롭게 사귄 사람들의 교양 있는 언어를 사용하는 경우를 종종 본다. 그러나 만약 다시 예전 동네로 이사 가면 금방 원래대로 돌아가고 만다.

문법 공부의 이점 중 하나는 주변 사람의 잘못된 언어 습관의 영향력에서 어느 정도 멀어질 수 있다는 점이다. 많은 사람이 문법을 '들어 봐서 어색한 것'으로 판단하곤 하는데, 물론 언제나 정확하고 바른 언어를 말하고 듣는 환경에 있다면 이것도 나쁜 방법은 아니다. 하지만 궁극적으로 문법 공부는 습관이나 환경에 따라 이리저리 휘둘리지 않고 언제든 동일하게 적용할 수 있는 확실한 규칙을 배우는 과정이다.

맞춤법을 틀리는 것처럼 문법을 틀리는 사람은 지적 열등감이란 꼬리표를 달고 다니게 된다. 오늘날처럼 자유롭게 다양한 학문을 접할 수 있는 세상에서 맞춤법과 문법조차 제대로 알지 못한다는 건 단순히 '몰랐다'고 넘어갈 수 있는 문제가 아니다.

또한 문법 지식은 외국어 공부의 가장 훌륭한 비밀 병기가 된다. 문법이란 공통적인 법칙성을 가진 과학적 학문이기 때문이다. 국어와 마찬가지로 다른 외국어도 주어, 목적어, 서술어가 있고, 명사와 형용사가 있으며, 구와 절로 이뤄져 있다. 따라서 국어를 충분히 익히면 다른 외국어를 배우기가 그만큼 쉬워진다.

문법 공부에는 문장 성분을 분석하는 과정도 포함되어 있다. 분석은 어려운 문장에서 주제를 파악하는 데 확실한 도움을 준다. 문장에서 실질적인 명사, 동사를 재빨리 보고 구와 절을 묶어 수식하는 내용을 알아채는 학생은 문장의 주제를 놓치는 경우가 거의 없다. 문장 부호는 문법을 잘 아는 학생에겐 문장을 파악하는 중요한 힌트인 동시에 논술과 작문에도 매우 유용하다.

따라서 우리가 귀찮다고 간과했던 문법이 학생에게 이토록 필수적인 요소임을 인정하지 않을 수 없다. 문법을 잘 이해함으로써 학생은 더 나은 표현으로 더 명확하게 자신의 의견을 피력할 수 있고, 문장의 관계를 분명하게 알 수 있어 주제 파악이 용이하며, 문법이란 공통의 법칙에 대한 지식을 얻음으로써 필요에 따라 다른 외국어도 손쉽게 배울 수 있다.

작문은 왜 공부할까?

작문은 효과적으로 글을 쓰는 데 필요한 이론과 실습을 포괄한다. 지금 학생 중 작가가 되는 사람은 극히 일부겠지만 작가가 되지 않아도 작문 공부는 모든 학생에게 유용하다. 글쓰기는 학생 스스로 표현의 기쁨을 느끼게 하고, 타인을 만족시킬 뿐 아니라, 업무의 효율을 높이는 기술이므로 어떤 직업을 택하든 도움이 될 수밖에 없다.

예술을 가장 완벽하게 감상하는 방법은 직접 해 보는 것이다. 음악을 즐기는 최고의 방법은 스스로 악기를 배우거나 노래를 부르는 것이다. 마찬가지로 문학을 통해 최고의 희열을 맛보고 싶다면 스스로 글을 써 보는 것이 가장 좋다. 무언가를 표현한다는 것은 상상 이상의 희열을 가져다 준다. 작문이 주는 가장 큰 보상은 다른 예술과 마찬가지로 지극히 순수하고 고상한 즐거움과 만족이다.

글쓰기는 개인에게도 기쁨을 주지만 자신의 글을 통해 타인을 행복하게 만들 수도 있다. 나는 아들이 중국에서 선교 활동을 하고 있는 부모와 자주 통화를 하는데, 대학에서 논술을 특히 열심히 공부했던 그 아들은 고향의 부모에게 머나먼 타국에서 보내는 삶을 장문의 편지로 전하곤 한단다. 작문 실력이 뛰어난 아들의 긴 편지는 부모가 몇 번이고 다시 읽을뿐더러 이웃 사람들까지 와서 같이 본다고 했다. 물론 출판해서 다수의 독자를 가지는 것도 좋지만 가족과 이웃, 가까운 친구라는 소규모 공동체에서도 이런 편지는 더없이 가치 있다. 따라서 뛰어난 작문 실력을 갖춘 사람이 비록 공공 저작물을 출판하지 않더라도 평생 단 한 번도 친구와 친척에게 편지를 보내지 않는다거나 그가 속한 모임이나 단체에 기여할 수 있는 문서 작성을 거절하며 산다는 건 상상할 수 없다.

뛰어난 작문 능력은 오늘날 각종 사업과 관련해서도 중요한 부분으로 인식되고 있다. 업무의 상당수가 서신으로 이루어지기 때문이다. 서신 한 통으로 수백만 달러의 상품이 사고 팔리며, 그 안에는 운송 방법, 일시, 장소, 수취인, 가격, 운송 업체에 관한 모든 정보가 담겨 있다. 그렇기 때문에 한편으로 서신은 불만과 오해를 불러일으킬 수 있다. 정확성이 떨어지는 부주의한 표현으로 주문을 잘못 기록해 고객의 불만을 낳고 결국 단골을 잃어버려 판매자와 운송업자에게 엄청난 손실을 가져다주는 예도 허다하다.

그러므로 현대 사회에서 직장 생활을 하는 수천 명의 청년이 업무와 관련하여 의사소통을 할 때 간결하고, 명확하며, 정중한 표현으로 올바른 맞춤법과 문장 부호를 사용해야 하는 것은 기본 중의 기본이다. 나중에 값비싼 대가를 치르지 않으려면 서신을 쓸 때 의도하는 바를 정확하게 표현해야 한다. 직장인은 항상 바쁘기 때문에 한 번 읽으면 끝이기 때문이다. 서신에 정확성을 갖춘다는 것은 문장이 간결하고 핵심이 분명함을 의미한다. 이렇게 정확성을 갖춘 뒤 회사의 지위를 고려해 올바른 높임말과 맞춤법, 문법을 사용해야 한다. 고객이 무식한 상대를 사업적으로 신용할 리 없으며, 일반적으로 사람들은 교육 수준과 지적 능력을 신뢰할 수 있는 사람과 거래하기를 바란다. 마지막으로 사업을 하는 당사자의 우호적인 의지를 견지하기 위해 서신의 문장은 반드시 정중하게 써야 한다. 그러지 않으면 거래가 성립되기 어렵다. 사실 서신은 직장인의 품격을 그대로 드러내기 때문에 제대로 된 업무 서신을 쓸 수 있는 청년은 어디서나 환영받을 것이다.

문학, 이렇게 공부한다

왜 국어를 공부해야 하는지에 대한 질문에는 간단히 답

했다. 이제 국어를 공부하는 방법을 이야기할 차례다. 우선은 문학을 공부하는 방법을 생각하도록 하자. 결론부터 말하자면 공부하지 말고 읽고 즐겨라. 문학은 특히 받아들이는 자세가 중요하며 즐긴다는 마음 자체가 필요하다. 즐거운 마음으로 독서에 온 마음을 쏟는 것이다. 마음속으로 상황과 등장인물을 떠올리며 마음껏 상상하자. 만약 자신이 좋아하는 부분을 서로 낭독해 주는 친구가 있다면 문학의 세계를 탐험하는 기쁨과 감동을 함께 누릴 수 있어 문학에 대한 열정은 더욱 끓어오를 것이다.

시의 운율과 산문의 예술성을 만끽하기 위해서는 1부에서 지적했던 몇 가지를 반복하는 것이 좋다. 다시 말하지만 작가의 문체와 운율을 자신의 것으로 만들고 싶다면 큰소리로 읽어 본다. 가능하다면 전문가의 낭독을 듣는 것도 좋다. 전문가의 낭독을 들으면 혼자 읽을 때는 미처 깨닫지 못한 새로운 아름다움과 의미를 발견할 수 있다. 연관성을 파악하기 위해 한자리에 앉아 소설, 시, 희곡을 처음부터 끝까지 한 번에 통독한다. 만약 너무 길면 나눠 읽되, 이어서 읽기 전에 지난번에 읽었던 내용을 되새겨 본다. 다음에 다시 읽거나 생각할 때 도움이 되도록 적어 둘 만한 문장의 자리는 표시해 둔다.

문법, 이렇게 공부한다

문법은 언어의 과학으로, 하나의 요소나 법칙이 다른 것과 결합해 풍성해진다. 문장 첫머리에 주어가, 끝에 서술어가 오고, 그 사이에 목적어가 놓여 문장을 이룬다. 명사 앞에는 관형어, 동사와 형용사 앞에는 부사어가 붙어 꾸며 준다.

문법은 유사점과 함께 차이점도 알아야 한다. 다음과 같은 질문을 스스로 던져 보자. 부사와 형용사는 어떤 점이 비슷하고 어떤 점이 다른가? 구와 절은 어떤 점이 비슷하고 어떻게 다른가? 어미와 접사는 어떤 점이 비슷하고 어떤 점이 다른가?

문법의 기초가 되는 지식을 빨리 쌓으려면 관련된 것을 공부하면서 개요를 작성해 두는 편이 좋다. 각 문장 구성 성분이나 구조를 예를 들어 적어 둔다. 가능한 최소한의 제목 아래 세부 내용을 묶어서 문법 내용을 조직해 두면 나중에 기억하기 쉽다. 유사점과 차이점에 바탕을 두고 내용을 파악하는 것이 문장의 핵심, 즉 주제에 도달하는 가장 손쉬운 방법이다. 이렇게 만들어 둔 개요는 집에서 복습하고 암기할 때도 중요하게 쓰인다. 개요 만드는 법이 기억나지 않는다면 1부의 8장 「개요를 만들고 그것을 가시화한다」로 돌아가 확인해 본다.

논술, 이렇게 공부한다

문법을 공부할 때 적용했던 방법은 논술 공부에도 그대로 적용된다. 글을 읽으면서 규칙을 발견하고자 노력하는 것이 논술을 위한 최고의 연습이다. 연습을 통해 규칙을 공고히 하고 그것을 적절히 사용해 의미를 풍부하게 할 수 있다.

논술에서는 비교적 잘 알고 관심 있는 분야를 주제로 선정하는 것이 중요하다. 주어진 주제에 대해 거의 또는 전혀 아는 게 없다면 우선 아는 것부터 시작해야 한다. 글을 쓰기 전에 하루 이틀 시간을 가지고 그 주제를 자신의 것으로 만들 필요가 있다.

특정 주제로 논술을 할 때 사전에 개요를 쓰면 도움이 된다. 만약 내일까지 해당 주제로 논술해야 한다면 오늘 밤 개요를 만들고 내일은 하루 종일 글쓰기에만 전념한다. 새로운 발상은 개요를 작성하고 나서 떠오르는 경우가 많은데 그럴 때는 최종 개요를 수정한다.

앉아서 펜을 들자마자 술술 글을 써 내려갈 수 있는 사람은 별로 없다. 보통은 '뜸이 들 때까지' 시간이 필요하기 마련이다. 뜸을 들이는 동안 열심히 생각하자. 한 문장을 쓰고 지우는 일을 반복하더라도 계속 써 내려 간다. 이 과정을 거치면서 머릿속에 가득 자리 잡고 있던 잡생각이 사라지고 비로소 아이디어가 펜을 타고 흘러나오게 된다.

그리고 다 쓴 내용은 항상 큰 소리로 읽어 본다. 그래야 어색한 부분을 발견해 고칠 수 있고, 글의 호흡과 문체의 일관성을 유지할 수 있다. 잠시 쉬었다 다시 쓸 때는 기존에 썼던 내용을 읽어, 주제와 문체의 흐름을 상기하고 되살린다. 마지막으로 문장 부호를 최대한 잘 쓰도록 하자. 맞춤법이 의심스러운 단어는 사전을 참조해 확인해 둔다.

{ 외국어 }

외국어는 왜 공부할까?

오늘날 다양한 교통수단의 발달로 공간의 제약은 거의 사라졌다. 비행기나 배, 기차로 언제든지 여행을 떠날 수 있게 되면서 전 세계는 더 이상 예전처럼 머나먼 곳이 아니다. 이런 당연한 상식을 여기서 굳이 언급하는 이유는 외국어를 공부할 수밖에 없다는 당위성을 설명하기 위해서다. 생활 가까이에서 점점 자주 외국인과 마주치게 될 것이고 외국어의 필요성은 늘어날 것이 틀림없다. 해외여행과 무역을 하려면 외국어를 익힐 필요가 있다. 외국어를 익히면 해당 국가와 사람에 대한 이해가 깊어진다. 이때 해외 문학은 외국어 공부가 필요한 이들에게 한 줄기 빛이 된다. 세기의 거장들은 이미 이 세상 사람이 아니지만 셰

익스피어, 괴테, 실러, 위고, 발자크의 작품은 여전히 한없
는 기쁨을 선사하지 않는가! 번역으로는 거장의 천재성을
온전히 옮길 수 없다. 그래서 명작을 완벽하게 감상하고
싶다면 원서로 읽는 게 최고다.

외국어 지식은 직장에서도 유용하다. 예술과 전문 분야
의 최신 발전 동향에 민감한 사람이라면 독일이나 프랑스
전문 잡지를 구독하길 원할 것이다. 미국에서는 남미 국가
와 무역이 활성화됨에 따라 스페인어 수요가 급격히 늘어
났다. 이처럼 외국어 공부가 필요한 구체적이고 실질적인
이유가 손가락으로 꼽을 수 없을 정도로 많은데도 대부분
의 학생은 외국어 공부의 필요성을 제대로 인식하지 못한
다. 심지어 일부 학생은 외국어 공부를 무슨 유행처럼 생
각한다. 외국어 몇 마디 할 줄 알면 유식해 보인다고 생각
하는 모양이다. 그리고 그 몇 마디가 실은 그 학생들이 몇
년간 배운 전부다. 그런 식의 외국어 공부는 안 하느니만
못하다. 외국어 말하기와 쓰기를 배운다는 건 엄청나게 어
려운 일이다. 외국어를 제대로 공부하려면 혼신의 힘을 다
해 문장, 문형, 관용구를 반복적으로 외우고 또 외워야 한
다. 이런 수고 없이 저절로 외국어를 술술 할 수 있는 방법
은 결코 없다.

외국어, 이렇게 공부한다

외국어 공부는 직접 부딪치는 게 최고다. 큰 소리로 읽고, 번역을 거치지 말고 관용구를 외국어 원문 자체로 의미를 유추하고자 노력한다. 매일 주변의 사물과 상황을 외국어로 말해 보고 익힌다. 하루에 한 번이 아니라 수십 번 이런 방법으로 외국어를 사용한다. 등하교를 하면서, 식탁에 앉아 있을 때도, 친구들과 수다를 떨 때도, 눈 떠서 제일 먼저 외국어로 말해 본다. 어떤 상황에서든 외국어를 큰 소리로 읽는다. 외국어로 된 드라마나 영화를 보고 대사를 따라 해 본다. 원어민과 대화할 기회도 적극적으로 찾아본다.

4
수학

수학은 왜 공부할까?

공부하는 학생에게 수학은 선택 과목이 아니라 필수 과목이다. 즉 학생에게 선택의 여지는 없다. 게다가 수학의 가치를 학생에게 전달하는 것은 오롯이 학교의 몫이다. 모든 사람의 생활에 수학이 깊숙이 관련되어 있다는 것을 증명하는 것은 어려운 일이 아니다. 우리가 지불하는 돈의 가치만큼 물건을 살 수 있다는 사실이 우리가 일상 속에서 수학적 사고를 하고 있다는 가장 실질적인 사례이기 때문이다. 기술자, 건축가, 사업가와 직장인은 숫자와 싸우는 사람들이다. 얼마 전에 기차 뒷좌석에 앉은 두 사람의 대화를 얼핏 들은 적이 있다. 두 시간 동안 그 두 사람은 끊임없이 수치로 표시된 수량, 무게, 크기, 압력, 하중을 갖고

떠들었다. 건축 관련 기술자들로, 수학 공부가 필수인 사람들이었다.

수학은 과학을 제대로 이해하고 적용하기 위해서도 꼭 필요한 학문이다. 지금 우리가 누리고 있는 모든 진보는 수학을 과학에 적용했기에 가능했다.

학생은 사회의 수요와 현재의 필요에 따라 과목을 선택한다. 사회의 수요에서 볼 때, 수학과 연계한 생물 통계학, 수리 화학, 수리 물리학과 같은 분야가 지속적으로 발전하는 것을 보면 수학적 추론이 얼마나 다양한 데 쓰이는지 알 수 있다. 통계를 그래픽화하여 분석하는 방법은 경제학자와 비즈니스 전문가가 자주 쓰며, 물리학자가 가장 대단하고 가치 있는 결과물을 낼 수 있는 것도 수학적 방법을 통해서다. 또한 거대한 비즈니스의 한 부분을 차지하는 것도 수학이다. 철 전문가들이 선철을 취급할 때는 수학이 필요 없을 것 같지만, 베들레헴과 펜실베이니아에서 선철 취급에 대한 장기간의 실험 데이터를 수학적으로 분석하여 선철의 무게와 작업자의 휴식 기간 사이의 특정 관계에 비례해 피로도가 달라진다는 규칙을 발견할 수 있었다. 이 법칙을 비즈니스에 실제로 적용하자 일인당 하루에 취급할 수 있는 선철 양이 12.5톤에서 47톤으로 증가했다. 명료한 수학의 특징을 활용할 줄 몰랐다면 이와 같은 연구는 이루어질 수 없었다.

수학, 이렇게 공부한다

일단 어림짐작하지 않는다. 수학 공부에 제일 필요한 건 천천히 즐기는 것이므로 생각할 시간을 갖는다. 수많은 학생이 서두르다가 수학을 포기한다. 문제를 읽고 이해하는 데 지나치게 성급하게 굴다가 세부 사항을 놓치고 문제에 주어진 데이터가 무엇인지, 답을 구하기 위해서 무엇이 필요한지 찾지 못한다. 너무 서두르느라 이미 알고 있는 수학 법칙을 문제에 적용하는 방법을 떠올리지 못하는 것이다.

이런 학생들은 마구잡이로 공식에 대입해서 풀어 보고 운 좋게 정답이 나오길 기대하지, 정작 정답이 '나올 수밖에 없는' 풀이의 각 단계를 '거치는 데'는 시간을 투자하지 않는다. 방정식의 답이 정수로 나오면 만족하고, 분수가 나오면 전혀 다른 과정을 거쳐 다시 푼다. 중요한 것은 천천히 깊이 생각해서 추론해 낸 해법대로 차근차근 진행하는 것인데도 말이다.

학교에서 하는 공부의 대부분이 암기다 보니 학생들은 수학도 암기로 해결하려는 경향이 있다. 하지만 수학을 공부할 때 가장 필요한 것은 심사숙고하는 과정이다. 다른 과목에는 먹히는 시행착오가 수학에는 먹히지 않는다. 과학 문제나 퍼즐을 풀 때는 시행착오를 반복하며 경험적으로 답을 구할 수 있지만 수학에는 그게 통하지 않는다.

계산 문제를 풀 때는 정확한 계산 방식을 고민하는 데 시간을 투자하고 정확성에 대한 확신이 없을 경우 두 번씩 검산한다. 곱셈부터 해 봤다가 안 되면 서둘러 나눗셈을 해 보는 짓은 하지 말자. 그런 학생들이 의외로 많다. 이런 학생은 예전에 배운 공식과 문제를 자주 복습할 필요가 있다.

도형을 공부할 때, 정리를 잘 이해하고 있는지 확인해 보는 가장 좋은 방법은 교과서와 별개로 자기 손으로 직접 도형을 그려 보고 나서 교과서를 펼쳐 자신이 그린 도형이 정리의 요건을 다 만족시키는지 확인하는 것이다. 도형 문제를 잘 푸는 학생 상당수는 이미 구조를 이해하고 있기에 책을 전혀 보지 않고도 스스로 도형을 그려 낼 수 있다. 이 학생들이 그렇게 된 것은 각각의 도형을 구성하는 수치와 조건을 완벽하게 이해하기 위해 차근차근 문제를 읽었기 때문이었다는 사실을 잊어서는 안 된다. 문제에 주어진 조건을 완벽하게 알고 있으면 이미 거의 다 푼 것이나 다름없다.

수학만큼 경쟁의 법칙이 잘 들어맞는 과목도 없다. 각 문제는 퍼즐을 푸는 것 같은 쾌감을 주기 때문에 누가 제일 많이 풀 수 있나 경쟁하는 게 재미있다. 문제를 풀었을 때 얻는 쾌감을 느끼지 못하는 학생은 학교에서 즐길 수 있는 가장 자극적이고 흥미진진한 정신 단련의 기회를 놓치는 셈이다. 물론 수학 시간에 얻은 집중력도 이후에 인생을 살아갈 때 계속 도움이 된다.

5
{ 과학 }

과학은 여러 분야로 나뉘므로 분야별로 논의해 보자.

화학은 왜 공부할까?

모두 알다시피 우리 주변의 어떤 것도 화학이 없으면 존재할 수 없다. 우리가 입고 있는 옷, 우리가 먹는 음식, 공구와 자재가 되는 강철, 우리 집을 짓는 벽돌, 시멘트, 목재, 타일, 유리까지, 이 모든 것이 화학의 범주에 속한다. 인간의 신체도 화학 현상의 복합체다. 거의 대부분의 신체 기능은 화학 작용으로, 모든 식물과 동물의 성장과 노화도 화학 반응으로 설명할 수 있다. 즉 이 세상의 모든 생명체가 화학 변화에 의존해 생명을 유지하고 있는 셈이다. 화학은 몇 가지 안 되는 원소가 서로 결합해 세상의 모든 물질을 만들어 낸다는 진리를 알려 준다. 나무가 연소하고, 음식이 소화되고 흡수되며, 식물이 성장하고, 쇠에 녹이 슬며, 빵이 부풀고, 옷을 염색할 때 어떤 작용이 일어나는지 화학이 설명해 준다. 그래서 화학은 인간을 둘러싼 모든 것에 관심을 확대시킨다.

금속 공학은 화학의 한 분야로, 그 덕택에 철강, 주석, 구리, 금, 은, 아연 생산이 가능해졌다. 염료, 비누, 페인트, 설탕, 유리, 종이, 잉크, 약품과 비료를 만드는 데도 화학자가 필요하다. 식품 검사와 수질 검사도 화학자의 몫이다.

화학 분야에는 아직 풀지 못한 난제가 많다. 수많은 청년이 난제와 싸우며 위대한 과학 발견을 계속하고자 노력하고 있다. 일례로 오하이오의 한 젊은 학생이 좀 더 적은 비용으로 광물에서 알루미늄을 분리하고자 연구 중이라는 기사를 읽은 적이 있다. 그는 22세에 이 문제를 해결했고, 우리는 이 학생 덕분에 지금 알루미늄 용품을 쓸 수 있게 되었다. 그가 죽기 얼마 전 신문에서는 찰스 마틴 홀이란 이 위대한 인물에 대한 칼럼을 실었다. 그는 엄청난 유산을 남겼지만 알루미늄 분리 비용을 90달러에서 1.18달러로 낮춰 준 데 비하면 그 유산은 미미하게 느껴질 정도다.

찰스 마틴 홀과 같이 중요한 화학 발견의 사례는 많다. 캔자스대학교에서는 다수의 제조업체의 지원을 받아 학생들이 산업과 관련된 화학 문제를 풀도록 장려하고 있으며, 제조업체와 화학 전공 학생 모두 이 지원 프로그램의 결과에 만족하고 있다.

나는 화학을 선택한 학생이 자신의 지식을 가정에서, 가게에서, 공장에서, 농장에서 수백 가지 방법으로 유용하게 사용해 주길 바란다. 또한 다른 학생들도 화학을 공부하면 매일 쏟아지는 과학 관련 기사와 책을 흥미롭게 읽을 수 있고 세상의 흐름을 파악하는 데 크게 도움이 될 것이다.

물리는 왜 공부할까?

몇 년 전 내가 가르친 학생이 건강상의 이유로 기후가 다른 지역으로 이주를 해야 했던 일이 있었다. 그는 하와이로 가서 대규모 설탕 농장에 노동자로 취업했다가 2년 후 농장의 중간 간부가 되어 미국을 방문했다. 여기서 그의 성공담을 한번 들어 보자.

그가 하와이로 건너간 지 얼마 되지 않아 사탕수수를 빻는 제분소가 세워졌다. 제분기를 다루는 일은 매니저나 감독관의 영역 밖이었지만 그렇다고 기계 전문가가 따로 있는 것도 아니었다. 내가 가르쳤던 그 학생은 고등학교에서 선택 과목으로 물리를 배웠는데, 그때 얻은 지식으로 제한

적이나마 제분소 기계와 관련된 일을 파악하고 지시하는
데 부족함이 없었다. 이러한 능력 덕분에 머지않아 일용
노동자에서 중간 관리자로 승진하게 되었다.

비슷한 사례는 또 있다. 전기 제조업으로 큰 성공을 거
둔 두 남자가 고등학교 때 물리를 공부한 것이 자신에게
성공의 길을 열어 주었다고 고백하는 걸 들은 적이 있다.
이렇게 물리 공부는 예상치 않게 인생을 성공으로 이끌기
도 한다.

직업적인 가치를 둘째 치더라도 물리는 일상에서 벌어
지는 다양한 현상을 규명하는 열쇠를 쥐고 있다. 진자 운
동, 총알의 발사, 무지개 색상, 천둥과 번개, 고속 열차, 망
원경, 현미경, 사진, 엑스레이, 끓는 물, 동결된 얼음 등 다
열거할 수 없을 만큼 많은 에너지 현상이 물리학의 법칙으
로 깔끔하게 설명된다. 화학처럼 물리도 인류를 편안하고
건강하며 행복하게 만드는 데 이바지하고 있다.

생물은 왜 공부할까?

생물은 생명체를 공부하는 학문으로 식물의 생명을 연
구하는 식물학과 동물의 생명을 연구하는 동물학으로 나
뉜다. 인간도 동물의 하나이므로 동물에 해당되는 법칙이

동일하게 적용된다.

최근 식물학과 동물학의 연구로 인류는 이전보다 건강하고 풍요로우며 행복한 삶을 영위할 수 있게 되었다. 많은 병이 미세한 형태의 기생충에 의해 발병된다는 것이 밝혀져 황열병, 십이지장충병, 말라리아와 같은 질병에 대응할 수 있게 되었다. 의사 에드워드 제너가 개발한 백신은 인류가 이루어 낸 최고의 복이 아닐 수 없다. 18세기에도 유럽에서 연간 40만 만 명이 천연두로 죽었는데, 백신이 개발된 후 천연두는 더 이상 재앙이 아니게 되었다. 그뿐만 아니라 걸핏하면 가축을 공격해 수백만 달러의 피해를 입히던 전염병도 생물학자가 미연에 방지하고 있다.

프랑스 과학자 파스퇴르는 프랑스에 엄청난 경제적 이익을 가져다주었다. 탄저병에서 소 떼와 양 떼를 지켜 주었고, 닭이 콜레라에 걸리지 않게 했으며, 광견병으로부터 인류를 해방시켰다. 그는 또한 와인을 변질시키는 유해 미생물을 발견하고 제거하는 저온살균법을 개발해 프랑스의 포도나무와 와인을 지켜 냈다.

최근 소의 발과 입을 공격하는 치명적인 질병이 수많은 가축 농가를 위협했다. 뉴욕 록펠러 재단 소속 과학자 사이먼 플렉스너 박사는 이 치명적인 질병의 생물학적 원인을 규명해 소 떼를 지켜 내길 원하는 시카고 목장의 바람을 이루어 주었다.

벌레는 미국에서만도 매년 수십억 달러 상당의 농작물

을 망가뜨린다. 만약 모든 농장에서 이 성가신 녀석을 지능적으로 탐색할 수 있다면 얼마나 큰 도움이 될 것인가! 곤충학이 이에 대한 해법을 연구하고 있다.

그리고 시간이 있는 학생은 루서 버뱅크의 전기를 읽어보길 바란다. 그의 전기를 읽고 나면 결코 식물학자의 업적을 낮게 평가할 수 없을 것이다. 루서 버뱅크는 식물의 육종 분야에 혁신을 가져왔다. 기존의 다양한 과일, 꽃, 풀, 나무, 채소의 품종을 개선했으며, 야생종이나 약한 품종의 식물을 재배하기 손쉬운 작물과 교배해 '이전에 알려진 적이 없는, 새로운 형태의 식물'을 만들어 냈다.

여기서 위대한 식물학자 루서 버뱅크가 이룩한 업적을 몇 가지 살펴보도록 하자. 그는 인간을 포함한 모든 동물이 식용으로 사용할 수 있고 사막에서도 자라는 가시 없는 선인장을 개발했다. 블랙베리와 라즈베리를 교배한 프라이머스베리를 만들었고, 살구와 자두를 교배해 플럼콧이란 새로운 품종을 개발했다. 그 외에도 그가 만들어 낸 자두 품종에는 씨 없는 자두, 서양배 향기가 나는 자두, 독특한 향기의 자두가 있다. 알맹이를 싸고 있는 호두 껍질에서 쓴맛이 나는 타닌을 없앴고, 속성으로 자라는 나무, 16센티미터짜리 꽃을 피우는 데이지, 목련꽃 향이 나는 달리아, 창포 향이 나는 백합, 씨를 파종하고 18개월이면 열매가 맺히는 밤나무, 맛이 좋은 하얀 블랙베리, 25센티미터짜리 꽃을 피우는 양귀비와 30센티미터짜리 꽃을 피우는 칼라를 개발했다. 그는 다수의 과일 품종을 개량했는데, 그중에 푸룬은 기존의 프랑스 푸룬보다 3~4배 크다.

루서 버뱅크의 업적은 위대하지만 시작에 불과하다. 생물학을 통해 인류를 풍요롭게 만들 수 있는 길은 무궁무진하며 이제 첫 단추를 끼웠을 뿐이다. 루서 버뱅크의 예가 우리 학생들의 열정을 자극해 생물을 선택하는 길을 열어 준다면 인류의 생물학적 진보는 더욱 빠르게 진행될 것이다.

지구 과학은 왜 공부할까?

지구 과학은 물리학을 지구에 적용한 것으로 사물에 적용했던 법칙으로 생명체를 연구하는 학문이다. 생물이 식물과 동물이라는 살아 있는 생명체를 다루는 학문이라면 지구 과학은 사물에 일반적으로 적용되는 힘과 법칙을 대지, 바위, 산, 계곡, 강, 호수, 바다와 같은 자연계로 확장한 것으로 바람, 물결, 조수, 열기, 냉기, 비, 얼음, 눈, 서리, 이슬 같은 현상을 규명한다.

지구 과학의 가치를 살펴보면 크게 문화와 경제라는 두 가지 측면이 있다. 문화의 측면에서 지구 과학은 차원 높은 즐거움을 추구할 수 있게 해 주며, 경제의 측면에서는 생계를 유지하는 데 도움을 준다. 즉 지구 과학을 공부하면 즐거움과 돈이라는 두 마리 토끼를 잡을 수 있다는 얘기다.

주변에서 벌어지는 현상의 발생 원인을 배운다는 것은 천부적인 호기심을 타고난 사람에게 매우 값진 일이 아닐 수 없다. 호기심만 가진다면 지구 과학은 물질세계에 대한 상당수의 질문에 재미난 답을 제시해 준다. 이 과목은 우리 주변의 모든 것에 흥미를 발동시킨다. 현상 하나하나가 어떤 법칙의 영향에 의한 것인지 알고 나면 더 이상 무지 속에서 헤맬 필요가 없으며, 우리의 눈을 사로잡는 언덕, 호수, 강, 협곡은 저마다의 이야기를 들려준다. 심지어 바람과 날씨의 변화도 아무렇게나 이루어지는 게 아니란 걸 알 수 있다. 우리 발밑에 있는 돌멩이 하나도 지구의 역사를 말해 주는 증인이 된다. 이 돌멩이는 거대한 빙산에서 떨어져 나온 돌덩이일 수도 있고, 서릿발의 힘으로 쪼개진 돌멩이일 수도 있다. 화산의 열기에 녹은 돌일지도 모르며, 파도에 이리저리 떠밀려 침식된 곳의 일부였을 수도 있다. 오래전 멕시코 만에서 뻗어 나온, 열대 바다에 뒤덮였던 북부 미시간에서 산호충이 번성했던 시기에 만들어진 돌멩이일 수도 있다. 그래서 지구 과학을 알게 되면 평범한 일상에 새로운 아름다움과 의미가 싹튼다.

문화적이고 즐거움을 추구하는 측면에 비한다면 경제적 이익은 더 명확하다. 지구 과학을 통해 주변 환경에 대한 관찰력을 키운 사람은 그렇지 못한 사람에 비해 기회를 잡는 데 유리하기 때문이다. 모든 직업은 주변 환경의 영향을 받는다. 주어진 지역에서 환경 조건을 잘 파악한다는 것은 그곳에 살고 있는 인구가 몇이며, 어떤 동물과 식물이 번성하고 있는지, 어떤 산업이 가장 적합한지 안다는 말이다.

과학, 이렇게 공부한다

과학은 책이라는 매개보다 직접적인 방법으로 사물을 공부할 수 있는 기회를 준다. 관찰을 통해 얻은 일반적인 생각을 형태화하는 방법을 과학적 추론이라 부른다. 과학적 추론은 비즈니스에 적용할 수 있음은 물론이고 인생에서 다양한 어려움에 부딪혔을 때도 유용한 도구가 된다. 과학적인 추론을 통해 일반적 진리를 발견하는 방법은 다음과 같다.

1. 해결하고자 하는 문제를 꼼꼼히 기술한다.
2. 다양한 데이터를 확보하고 결론을 서두르지 않는다. 데이터를 통해 찾고자 하는 진리의 독창성과 영향력을 보여 준다.
3. 데이터를 유심히 관찰하고 분석한다. 가령 하나하

나 확인해 유사점과 차이점을 분석하고 어떤 것이 전형적인 결과이고, 어떤 것이 우연한 결과인지 찾아낸다.

4. 관찰 결과에 따라 이론을 정립한다. 이때 추론한 이론에 반하는 데이터를 누락시키는 오류를 범하지 않는다.

5. 정립된 이론을 명확히 기술한다.

6. 정립된 이론을 더 많은 데이터에 적용해 이론을 검증한다.

이 방법을 다음과 같이 적용해 보자.

Ⅰ 문제 기술: 이슬은 어떻게 만들어지는가?

Ⅱ 다양한 데이터 수집

1. 밤의 기상 상태에 따른 아침 이슬을 직접 관찰

    a. 흐린 밤 뒤엔 이슬이 없음

    b. 맑고 고요한 밤 뒤엔 이슬이 생김

    c. 바람 부는 밤 뒤엔 이슬이 없음

    d. 산꼭대기보다 중턱에 이슬이 더 많음

    e. 나무 꼭대기보다 잔디에 이슬이 더 많음

    f. 도끼 자루보다 날 쪽에 이슬이 더 많고 날이 자루보다 차게 느껴짐

    g. 더운 날보다 서늘한 날 이슬이 많음

h. 겨울엔 이슬이 없음, 봄가을엔 서리가 생김

2. 수분 함유량에 따른 일별 직접 관찰

   a. 주전자에 찬물을 넣어 두었을 때 물방울이 맺히고, 따뜻한 물을 넣어 두었을 때는 물방울이 생기지 않음

   b. 냉장고에서 꺼낸 손도끼 날에는 이슬이 생기고, 오븐에서 꺼낸 손도끼 날에는 이슬이 생기지 않음

   c. 따뜻한 봄에 지하 창고 벽에 물방울이 맺히고 만지면 차가움

   d. 바람이 바뀔 때 비가 내리고 구름 사이로 시원한 바람이 불어옴

   e. 물이 공기 중으로 증발하면 공기 중에 반드시 습기가 있음

   f. 서늘한 날 집 안이·외부 공기보다 따뜻할 때 창유리에 물방울이 맺힘

(III) 데이터 분석

   a. 이슬이 맺히기에 적합하지 않은 환경: 산꼭대기나 나무 꼭대기와 같이 높은 곳, 바람, 따뜻한 밤, 겨울 밤, 흐린 밤

   b. 이슬이 맺히기에 적합한 환경: 서늘하고 맑은 밤, 낮은 곳, 서늘한 표면, 여름 날씨

   c. 습기가 생기기에 적합한 다른 환경: 찬물을 담은 주전자, 차가운 도끼날, 차가운 지하 창고 벽, 차가운 창유리, 서늘한 바람(비가 내림)

(IV) 가설과 상상

1. 이슬은 아주 미세한 안개처럼 하늘에서 떨어짐

(어머니가 말씀하셨다. "얘들아, 들어와라. 이슬 내
린다.")

2. 찬물이 담긴 주전자에서 물방울이 스며 나오듯 이
   슬은 땅에서 스며 나옴

3. 사람과 동물의 숨결과 증기에서 물기가 나와 집 창
   유리에 물방울이 맺히듯 사물에 맺힘

4. 이슬은 차가운 표면과 접촉했을 때 공기가 내놓은
   수분임

이제 각각의 가설을 차례로 읽고, 기록한 데이터 또는
사실과 어떻게 일치하는지 살펴보자. 첫 번째 가설은 이슬
이 아주 미세한 안개처럼 하늘에서 떨어진다는 것이었다.
관찰한 첫 번째 사실은 흐린 밤 뒤에는 이슬이 없었다는
점이다. 미세한 안개도 역시 안개로, 하늘을 흐리게 만든
다. 따라서 첫 번째 사실은 가설과 모순된다. 두 번째 사실
도 이 가설과 맞지 않다. 왜냐하면 맑고 고요한 밤 뒤에는
이슬이 맺히기 때문이다. 나아가 이슬이 떨어진다는 가설
은 바람 부는 밤 뒤에 이슬이 맺히지 않는다는 사실을 설
명하지 못한다. 또 만약 이슬이 하늘에서 떨어진다면 산중
턱이나 낮은 곳처럼 산꼭대기나 나무 꼭대기에도 같은 양
의 이슬이 맺혀야 하며, 도끼 자루와 날에도 같은 양의 이
슬이 맺혀야 한다. 이 첫 번째 가설은 주어진 사실을 설명
하지 못한다.

두 번째 가설은 잘못된 가정에 기반하고 있다. 주전자에서 물이 스며 나올 리 없기 때문이다. 물 주전자는 물이 스며 나오는 시스템을 갖고 있지 않다. 더구나 물이 스며 나온다는 이론으로는 주어진 어떤 사실도 설명할 수가 없다. 세 번째 가설은 1a, 1d, 1f, 1g와 2a, 2b, 2c에 부합하지 못한다.

네 번째 가설은 관찰된 모든 현상을 실질적으로 만족한다. 흐린 밤 뒤에 이슬이 맺히지 않는 것은 구름이 담요 역할을 해 맑은 날 밤 이슬이 맺히는 온도까지 지구 표면 온도가 떨어지는 것을 막기 때문이다. 흐린 날 밤에 지표면에 손을 대고 맑은 날 밤보다 따뜻한지 확인해 보라. 바람은 공기가 한곳에 머무르며 온도가 떨어져 수분을 내놓을 때까지 내버려 두지 않는다. 그래서 산꼭대기, 나무 꼭대기처럼 바람이 부는 곳은 공기가 움직여 이슬의 양이 감소하는 것이다. 차가운 도끼날, 주전자, 지하 창고 벽, 창유리는 안에 있는 따뜻한 공기가 수분을 토해 내게 만든 것으로 차가운 지구 표면이 이슬을 형성하는 이유와 같다. 구름 속의 차가운 바람은 수분을 응결시켜 빗방울로 만든다.

Ⓥ 결론: 공기보다 차가운 어떤 표면에 접촉했을 때 공기가 내놓은 수분이 이슬이다.

Ⓥ Ⓘ 검증: 광택 있는 금속 비커에 미지근한 물을 반쯤 채운다. 온도계로 저어 주며 얼음 조각을 넣는다. 비커의 표

면에 공기 중의 수분이 맺힐 정도로 충분히 온도가 차가워질 때까지 점진적으로 온도를 떨어뜨린다.

과학적 추론을 이용해 과학 이외의 문제를 해결할 수도 있다. 사실 오늘날의 발전은 상당 부분 과학적 추론에 의지해 왔다고 할 수 있다. 앞에서 해 본 것처럼 스스로 다음 문제를 과학적 추론을 이용해 풀어 보자. "왜 나는 내 친구 ○○보다 □□ 과목을 잘 못 할까?" ○○에는 친구 이름을 적고 □□에는 어렵거나 뭔가 이뤄야 할 과목을 적는다. 또는 □□ 과목 대신 '친구 사귀기'나 '아르바이트 하기'를 넣어 볼 수도 있겠다.

6
경제

경제는 왜 공부할까?

경제학은 부의 생산, 분배, 소비를 다루는 학문으로, 생존을 위한 인간의 노력을 공부한다. 인간이 만든 거의 모든 조직에는 경제적 측면이 있다. 교육도 마찬가지고 정부는 특히 그렇다.

경제를 선택하는 학생들이 주로 공부하는 주제가 몇 가지 있는데, 노동조합, 직업 분야, 효율성, 무역 기구, 노동과 자본의 문제, 경쟁, 경쟁력 있는 가격, 독점 및 독점 가격, 이자와 이윤, 자본과 화폐 제도, 금융, 관세와 내국세, 조세 제도, 공공 소유나 생산 통제, 철도, 가스, 수도, 주파수와 같은 공공 자산과 부의 집합 혹은 개별 형태가 그것이다.

여기 열거한 주제만으로도 경제가 얼마나 역동적이고 중요한 과목인지 알 수 있다. 이것들은 전 국민의 관심사라고 해도 과언이 아니기 때문이다. 경제를 공부하면 투표로 주권을 행사할 때 좀 더 현명한 판단을 내릴 수 있을 뿐 아니라, 나아가 대중의 의견을 주도할 수도 있다. 또한 경제적 측면에서 현명한 판단을 내릴 수 있는 능력을 갖춰 사업을 성공적으로 이끌 수 있다.

{ **심리학** }

심리학은 왜 공부할까?

심리학은 감정, 감각, 이해, 사고, 판단과 같이 어떤 행동을 취하는 데 관여하는 정신 분야를 다루는 과학으로, 기억, 의지, 주의, 관심, 암시, 권태, 습관, 생각의 결합 등 의식에 의해 이루어지는 모든 현상을 연구한다. 정신 활동과 밀접한 관련이 있는 심리 부문과 주의를 요하는 모든 분야가 심리학의 대상이 된다. 특히 뇌, 신경, 시각, 청각, 후각, 촉각, 미각과 같은 감각 기관은 중요 대상이다.

신체의 기능을 이해함으로써 신체의 건강과 효율을 유지하고자 생리와 보건을 공부한다면, 정신을 이해함으로써 정신의 활기와 능률을 향상시키고자 심리학을 공부할 가치 또한 분명히 있다. 이 책의 1부도 바로 이 심리학적 원칙을 기반으로 한다.

현재 심리학에 대한 관심은 높아지고 있지만 밝혀진 지식은 그다지 많지 않다. 사이비 과학자와 사기꾼이 호도한 부분이 상당히 많은데, 특히 아직 완전히 밝혀지지 않은 잠재의식 관련 분야에서 이런 현상이 두드러진다. 최면, 암시, 염력, 예지 등을 다루는 상당수의 책은 과학적 근거가 전혀 없다.

축적된 지식과 관심을 가지고 정신 현상을 공부하는 것은 다방면에 도움이 된다. 범죄와 비행 심리를 이해할 수 있어 사고를 미연에 방지할 수 있으며, 의사라면 특정 정신 질환을 치료하는 데 도움이 되고, 성직자나 정치가에게는 대중의 마음을 움직여 행동을 취하게 만드는 방법을 가르쳐 줄 것이다. 심지어 비즈니스맨이 상품을 팔기 위해 광고 문구를 작성할 때도 심리학은 도움이 된다.

미술은 왜 공부할까?

목적과 가치가 직관적이어서 이 책에서 굳이 설명할 필요가 없는 학문이 있다. 위생 보건이나 생리 현상에 관련된 학문이 그렇다. 이 분야 교육은 초등학교 때부터 고등학교 때까지 꾸준히, 학년이 올라갈수록 자세히 직접 체험하는 형태로 이루어진다.

미술도 어릴 때부터 계속 배우는 과목 중 하나다. 관찰력을 향상시키고 아름다움에 대한 취향과 감상 능력을 키워준다는 면에서 미술의 문화적 가치를 누누이 들어 왔을 것이다.

그래서 여기서는 미술이 사회생활에도 얼마나 도움이 되는지를 언급하려고 한다. 미술을 공부했다고 다 화가가 될 필요는 없다. 수없이 쏟아져 나오는 상품 중에서 매력적인 색상과 미적 요소를 갖춘 상품이 더 높은 가격으로 더 빨리 팔리는 것이 당연하다. 가구, 카펫, 모자, 각종 의류는 물론이고 집, 자전거, 자동차에 이르기까지 모든 상품에 균형과 아름다움은 부가 가치로 작용한다. 심지어 부엌칼이나 고속 열차처럼 효용성이 절대 가치가 되는 것조차 눈을 즐겁게 해 주는 쪽이 더 큰 만족을 가져다준다.

어떤 분야라도 상품을 개발하는 사람이 미감을 키워 두면 두고두고 이득이다. 거기에 만약 원하는 효과를 직접 눈으로 볼 수 있게 본인이 그릴 수도 있다면 금상첨화가 아닐 수 없다.

미술은 발명에 공헌한 바가 큰데 발명의 과정은 이렇다. 우선 아이디어를 낸다. 다음으로 그것을 스케치해 보고 설계도를 그린다. 그리고 모형을 만든 뒤 최종적으로 발명품을 제작한다.

3부
공부의 효율에 관하여

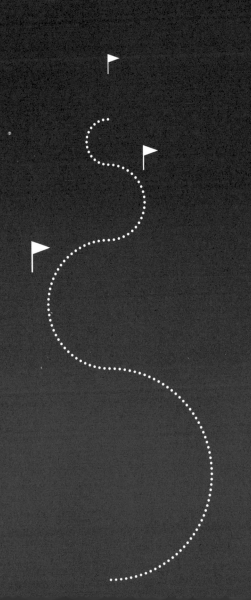

효율이 뭐지?

연 수입 7만 달러 남짓 버는 동네 개업 의사와 연봉 14만 달러를 받는 뛰어난 종합 병원 외과 의사의 수입의 차이를 어떻게 설명할 수 있을까? 연 평균 5만 달러 수준의 수임료를 버는 변호사와 그 몇 배 연봉을 받는 유명 변호사의 수입 차이는 또 어떻게 설명할 수 있을까? 벌이의 차이는 대체로 개인의 능력과 성격 차이에 원인이 있다. 일반적으로 부에 대한 욕구가 동일할 때 그 사람이 벌어들이는 수입으로 효율, 즉 정신적·사회적 능력을 알 수 있다.

인류의 진화와 발전은 주로 다음 두 가지 발전에 따라 이루어졌다.

한 가지는 효율적으로 사고하는 능력, 즉 정신적 능력이고, 다른 한 가지는 개인의 행동, 인격, 습관을 타인과 조화시키는 사회적 능력이다. 이 두 가지 능력은 올바른 정신과 인격으로 드러난다.

인격은 인류를 다른 동물과 구분 지어 주는 요소다. 현저하게 뛰어난 인격을 지닌 사람은 타인과 지내는 사회적 삶에서 개인적 성공을 보장받기도 한다. 후천적으로 획득한 인격은 다음과 같이 드러난다.

정신적 능력

Ⅰ 정신적 능력은 판단을 내릴 때 다음과 같은 특성으로 드러난다.

　1. 합리적인, 부당하지 않은

　2. 받아들이는, 독선적이지 않은

　3. 신중한, 성급하지 않은

　4. 분별력 있는, 멍청하지 않은

　5. 현실적인, 비현실적이지 않은

　6. 균형 잡힌, 불균형하지 않은

　7. 기민한, 어눌하지 않은

　8. 선견지명이 있는, 생각 없지 않은

Ⅱ 정신적 능력은 다음과 같은 심리 태도로 드러난다.

　1. 예민한, 무신경하거나 무감각하지 않은

　2. 주의를 기울이는, 조심성이 없지 않은

3. 활기 있고 정신 차린, 심드렁하지 않은

4. 평화로운, 초조하지 않은

5. 진심 어린, 무관심하지 않은

6. 능동적인, 수동적이지 않은

7. 빠른, 느리지 않은

8. 흥미 있는, 관심 없지 않은

(III) 정신적 능력은 다음과 같은 행동 방식으로 드러난다.

1. 즉각적인, 미적거리지 않는

2. 믿을 수 있는, 믿음이 안 가지 않는

3. 조심스러운, 부주의하지 않은

4. 신중한, 무모하지 않은

5. 꾸준한, 간헐적이지 않은

6. 체계적인, 마구잡이가 아닌

7. 꼼꼼한, 대충 하지 않는

8. 부지런한, 게으르지 않은

9. 열심히 하는, 잔꾀 부리지 않는

10. 끈질긴, 변덕을 부리지 않는

11. 질서 정연한, 무질서하지 않은

12. 아끼는, 낭비하지 않는

(IV) 정신적 능력은 용기를 낼 때 다음과 같이 드러난다.

1. 자발적인, 남의 시선을 의식하지 않는

2. 자립적인, 소심하지 않은

3. 자신감 있는, 스스로를 의심하지 않는

4. 용감한, 두려워하지 않는

사회적 능력

(I) 사회적 능력은 다음과 같은 사회적 특성으로 드러난다.

1. 사심 없는, 이기적이지 않은

2. 사교적인, 비사교적이지 않은

3. 대화를 좋아하는, 뚱하지 않은

4. 재치 있게 말하는, 수다스럽지 않은

5. 관대한, 탐욕스럽지 않은

6. 자비로운, 인색하지 않은

7. 쾌활한, 무뚝뚝하지 않은

8. 낙관적인, 비관적이지 않은

9. 만족하는, 시기하지 않는

10. 조용한, 시끄럽지 않은

11. 온화한, 가혹하지 않은

12. 민주적인, 거만하지 않은

13. 협동적인, 싸우려 들지 않는

14. 한결같은, 표리부동하지 않은

15. 믿을 수 있는, 의심스럽지 않은

16. 마음씨가 고운, 질투하지 않는

17. 정중한, 무례하지 않은

18. 명예로운, 불명예스럽지 않은

19. 고매한, 저급하지 않은

(II) 사회적 능력은 진실을 대할 때 다음과 같이 드러난다.

1. 정직한, 기만하지 않는

2. 진실한, 거짓말을 하지 않는

3. 솔직한, 속이지 않는

4. 양심적인, 비양심적이지 않은

5. 공평한, 불공평하지 않은

6. 정당한, 부당하지 않은

7. 신용할 수 있는, 믿을 수 없지 않은

(III) 사회적 능력은 다음과 같은 심성으로 드러난다.

1. 겸손한, 잘난 척하지 않는

2. 너그러운, 잔인하지 않은

3. 훈훈한, 차갑지 않은

4. 진정을 가지고, 무관심하지 않은

5. 공경하는, 함부로 하지 않는

6. 사려 깊은, 천박하지 않은

7. 공손한, 예의 없지 않은

8. 동정하는, 매정하지 않은

9. 다정한, 인정 없지 않은

10. 우호적인, 적대적이지 않은

긍정적인 품성은 신성한 인격으로, 고매한 욕구에 따라 올바르게 행동하도록 노력하게 만든다. 반대로 부정적인 품성은 저급한 본성에 기인하며 의지와 상관없는 경우가 많다. 긍정적인 품성이 '성공한 사람'의 특성이라면 부정적인 품성은 '부랑자'나 '실패자'의 특징이다.

고등학교와 대학에서 정신적 능력과 사회적 능력을 개발할 기회는 얼마든지 있다.

여기서 다시 왜 같은 일에 종사하면서도 수입의 차이가 그토록 크게 나타나는지 알아보기로 하자. 경제학자는 '임금'이라는 용어로 모든 종류의 노동이 사회로부터 받는 대가를 규정하는데, 경제학에서 '노동'은 일용직과 전문직을 포함해 정신적이고 육체적인 모든 종류의 일을 의미한다. 이때 실질 임금과 명목 임금을 구분할 필요가 있다. 명목 임금은 화폐 단위로 측정할 수 있으며, 실질 임금은 노동의 대가로 보장되는 안락과 화려함의 정도로 측정할 수 있다. 물가가 높으면 실질 임금은 낮지만 명목 임금은 높게 나타난다.

실질 임금이 가장 높은 곳은 가장 앞선 집단으로, 노동의 효율이 가장 높은 집단이기도 하다. 효율은 노동자의 숙련도, 육체적 강인함, 건강, 지적 능력, 교육 수준과 더불어 성격, 성실성, 꾸준함, 용기와 같은 도덕적 품성에 따라 다르게 나타난다. 효율적인 노동은 생산성이 높을 수밖에 없으며, 노동의 결과나 생산된 제품의 규모가 크기 때문에 더 많은 임금을 받는다. 일반적인 고용 형태에서 실질 임금이 높아진 것은 효율이 높아졌기 때문이다. 노동자가 재화의 양을 늘리는 역할을 해 임금에 그것이 반영된 것이다.

특정 노동에서 임금은 노동자의 공급과 수요에 따라 결정된다. 그리고 특정 노동은 고도의 효율을 가진 노동자만이 제공할 수 있으며, 이러한 고도의 효율을 갖춘 노동자는 매우 한정되어 있다. 그래서 우수한 전문직 종사자, 유명한 가수나 뛰어난 재능의 예술가는 보통 사람보다 어마어마하게 많은 액수의 임금을 받는다. 중간 정도의 효율을 가진 노동자는 그다지 적지 않아 중간 정도의 임금을 받는다. 숙련된 기술이 없고 신뢰도가 떨어져서 그저 육체노동밖에 할 수 없는 사람은 고용을 원하는 모든 사람과 경쟁해야 하므로 고용 환경이 좋지 않고 수입도 일정하지 않거나 적을 수밖에 없다. 또한 일이 험하거나 사회 인식이 나쁘거나 사업의 장래가 불투명할 경우 노동력을 제공하려는 사람이 적어서 상대적으로 임금은 높아진다.

자신의 능력을 한껏 발휘할 수 있는 직업을 선택해, 상대적으로 경쟁은 덜하고 좀 더 높은 경제력을 갖추고 싶은 학생이라면 다음의 사실을 반드시 기억하면 좋겠다. 정신적·사회적 능력이 부족한 사람은 그 역량을 천부적으로 타고났거나 열심히 갈고닦아 온 사람들과 벌이는 경쟁에서 절대 이길 수 없다. 주어진 신체 능력과 기술이 동일할 경우 사교적인 사람이 사회적 품성이 부족한 사람을 앞지르며, 사려 깊고 생각을 많이 하는 사람이 사고력이 떨어지는 사람을 앞선다는 말이다.

자기 주도

사회에서 성공하기 위한 또 하나의 중요한 요건은 바로 자기 주도 능력이다. 학교에서 충분한 교육을 받고 지식을 쌓았어도 자기 주도에는 실패할 위험이 높다. 훌륭한 대학을 나왔음에도 졸업 후 취업이 힘들거나, 세상에 나가 자신 혹은 타인을 위해 큰일을 도모하지 못하는 사람이 있다. 학벌 좋은 사람이 실행력이 부족하다거나 무능하다는 말을 듣는 것은 대부분 자기 주도 능력이 부족하기 때문이다. 어떤 사람은 학교에서는 성적도 좋고 주목받았지만 사회에 나가서는 성공과는 거리가 먼 삶을 살기도 하고, 반대로 학교에선 주야장천 실패만 하고도 사회에 나가서는 예상을 뛰어넘어 성공 가도를 달리는 사람도 있다. 심지어 세계의 대문호 중에도 셸리, 스펜서나 바이런을 포함해 이름을 대기 시작하면 끝이 없을 만큼 많은 작가가 형편없는 학창 시절을 보냈다. 그런데 학교생활에 충실하고 성적도 좋아서 사회에 나가서도 성공할 것이라 믿어 의심치 않았던 학생이 변호사 사무실 보조 자리에서 터무니없는 월급을 받으며 보고서 요약을 하고 있다는 소식을 듣고 허탈해진 경우를 심심찮게 겪어 봤을 것이다. 심지어 그 학생은 그 변호사 사무실의 사장보다 법률에 대해 더 잘 알고 있는데도 말이다. 이런 사람들의 가장 큰 문제는 자기 주도 능력이 부족하다는 점이다. 학교에서는 싫어도 꾸역꾸역 열심히 진도를 따라가며 머리 좋은 모범생으로 지내면서 스스로 동기 부여 없이 다른 사람이 시키는 공부나 일만 착실히 한다. 스스로 자신의 행동을 이끌어 가는 법을 배운 적이 없는 '모범생'은 타인의 노예가 되어 공부 본연의 즐거움 따위는 느낄 여유조차 없이 허무하게 학창 시절을 마친다.

실제 삶에서 성공하는 데 무엇보다 중요한 자질은 바로 자기 주도 능력이다. 그리고 아쉽게도 이 능력은 학교에서 따로 가르치지 않으며 당연히 시험에도 나오지 않는다. 싫어도 참고, 수동적이고 순종하는 태도가 산업 시스템에서 요구하는 자질인 탓이다. 초등학교나 중학교를 졸업하고 한자리에 가만히 앉아 시키는 일만 하는 사람이 천방지축으로 날뛰는 쪽보다 단순노동은 더 잘할 것이다. 하지만 지위가 높아지고 업무의 수준이 높아지면 높아질수록 스스로 찾아서 해야 할 일이 늘게 되므로, 자연히 스스로 동기 부여를 할 수 있어야 한다. 그래서 성공하는 경영자의 가장 큰 덕목을 개인의 자기 주도 능력이라고 말하는 사람도 있다.

당연한 얘기지만 자기 주도 능력은 책으로 배우는 게 아니라 행동을 통해 개발된다. 가정 형편이 넉넉해서 돈에 구애받지 않고 대학 다니는 동안 공부에 전념할 수 있는 사람도 있지만 그러지 못한 사람도 많다. 내게는 광산 기술자로 금융 방면에서 엄청난 성공을 거둔 동창이 하나 있는데, 그는 학업과 일을 병행했다. 남보다 열악한 조건이었음에도 그가 성공한 이유는 전적으로 자기 주도 능력 덕분이었다. 대학에서 엔지니어링 코스를 마치고 채굴 전문가의 속기사로 일했던 그는 광산과 소송에 관심을 가지기 시작해 관심이 있는 분야의 법률 문서를 복사해서 들여다봤다. 예전엔 단순히 광산을 조사하는 일을 했지만 나중에는 광산 전문 엔지니어로서 테스트하고 보고하는 중책을 맡았다. 그는 고용주에게 그만큼 신뢰받는 인물이 되어 단숨에 승진했다. 나중에 그는 자신이 개발한 소금 광산으로 개인적으로도 크게 성공했으며 그의 주도적인 결단으로 영국 광산업계는 투기꾼의 피해를 입지 않았다. 업계에서는 그에게 상당한 보수를 지불하며 호주의 광산 책임자로 발령했다. 거기서도 그는 아무도 시키지 않았는데 자발적으로 자원이 묻혀 있을 만한 주변의 산을 분석해 가치가 있다고 판단되면 즉시 업계에 보고해 구매하도록 조언

했다. 그의 적절한 행동으로 고용주는 막대한 이익을 봤고 그도 개인적으로 성공 가도를 달렸다. 내가 그를 마지막으로 봤을 때 그는 샌프란시스코에서 고액의 연봉에 더하여, 광산에서 나는 이익에 대해 인센티브를 별도로 받는 조건으로 중국 광산 구매 및 자산 책임자를 맡아 마침 비행기에 오르던 참이었다.

자기 주도 능력은 기업 경영 책임자에게 중요한 만큼 전문직 종사자에게도 요긴하다. 작가, 시인, 화가, 장관, 변호사, 의사도 각자의 업무를 담당할 때는 그 자신이 업무 책임자이기 때문이다. 말하자면 스스로가 책임자이자 고용주인 셈이다.

'모범생'은 자기 주도 능력을 개발하지 못할 뿐 아니라 자신의 일에서 궁극적인 성취감을 느끼고 기쁨과 환희를 경험하지 못한 채 일의 노예로 살아간다. 마음이 거기 없으니 자기가 정작 뭘 하고 있는지도 당연히 모른다. 지식의 효용과 내면의 아름다움을 깨달아야 할 시기를 그저 학점을 잘 받아 졸업하는 데만 급급해하며 보내는 것이 안타깝다. 링컨과 같이 자수성가한 위인을 존경하는 이유는 배움의 소중함과 지혜의 힘을 깨달아 누구도 만들어 주지 않은 길을 스스로 개척해서 최고의 자리에 올랐기 때문이다.

그렇다면 누군가 이렇게 질문할 것이다. "지금 우리한테 학교 공부를 열심히 하지 말라는 말인가요?" 학교에서는 정해진 수업이 체계적으로 이루어진다. 게다가 혼자의 의지만으로 공부할 수 있는 사람은 극히 드물고, 학교에는 교사라는 더없이 훌륭한 존재가 있다. "그래도 학교에 가지 않는 편이 나은 거 아닌가요?" 이렇게 질문하는 사람이 있다면 나의 대답은 언제나 같다. "무슨 수를 써서라도 당장 학교에 가세요. 하지만 살아 있는 학생이 되세요. '모범생' 말고." 살아 있는 학생은 자신이 배우는 과목에 대한 궁극적인 목적을 알고 그것에 완벽하게 도달하는 것을 목표로 삼지만 '모범생'은 그날그날 주어진 것만 들여다보면 끝인 사람이다. 자기 주도로 판단하고 결정하는 능력을 가진 학생이 외국어를 익히는 과정을 예로 들어 보자. 그는 외국어로 읽고 대화하고 싶어 한다. 외국어란 좋아하는 만큼 빨리 늘고 대화가 가능해지는 학문으로, 비록 읽어야 할 글과 암기해야 할 문법 등 공부할 내용이 잔뜩 있긴 해도 수업만으로는 성이 차지 않는다. 그런 학생은 스스로 목표량을 정해 매일 꾸준히 큰 소리로 읽고, 기회가 생길 때마다 친구들과 외국어 연습을 할 것이다. 방학 중에도 짬을 내 계속 외국어 공부를 하며 원어민과 만나서 얘기해 보려고 애쓸 것이다. 이러한 모든 행동에 필요한 것은 오직 자기 주도 능력 하나뿐이며, 자기 주도 능력이야말로 실행력의 원천이다.

수학을 완벽하게 정복하기 위해 정열을 불태운 학생이 있었는데 하루는 그가 내게 이렇게 말했다. "왜냐면 말이죠, 수학의 법칙을 발견하면 유명해지거든요. 수학은 그래서 가치 있는 학문이에요." 기하학의 기본 증명에 매달려, 대수학을 응용해 기하학의 문제를 푸는 방법을 스스로 찾고 있던 그 학생은 나중에 사분면을 활용해 빌딩과 굴뚝의 높이를 측정했다고 들었다. 다른 한 학생은 전기 현상에 푹 빠져서 잠자는 것도 잊을 지경이었다. 그는 엑스레이와 무선이 발견된 지 얼마 되지 않았을 때 커다란 코일을 구부려 이것들을 시험했다. 지금 그는 코일과 다른 전자 부품 제조업자가 되었다. 또 다른 학생은 화학에 푹 빠졌다. 그는 화학의 산업적 응용에 관련된 서적을 닥치는 대로 읽었다. 물론 대학 공부에도 소홀히 하지 않았는데 그 목적도 화학에 있었다. 그는 지금 자신의 화학 지식을 활용해 콜타르 제품의 염료 제조업에 종사하고 있다. 그가 계속 관련 일에 종사한다면 염색 수요에 맞는 공장을 열어 새롭고 독창적인 분야의 선두 주자가 될 것이다.

천편일률적인 전제 국가에서 인류의 진보적 성취가 일어난 경우는 거의 없다. 자유로운 분위기와 그것을 자발적으로 주도할 수 있을 때 비로소 수많은 발전이 있었다. 자유정신이 의학, 약학, 산업의 각 분야에서 이룩한 성취를 보면 알 수 있지 않은가. 방직기, 항공 모함, 전화, 인터넷, 콤바인, 우주선, 정밀 철강 산업, 기계, 컴퓨터, 건축 기술, 이 모든 것은 미국의 학교와 기업이 피땀 흘린 연구의 산물이자, 자유주의 정신이 가져다준 선물이다.

학교 수업은 자유로운 정신 안에서 이루어져야 한다. 학생을 독려해 동기 부여를 강화하지 않고 그저 학생을 원하는 방향으로 끌고 가려고만 하는 학교는 결코 좋은 성과를 내지 못한다. 그런 학교에서는 시간만 때우는 학생이 배출될 뿐 훌륭한 인재가 나오기 어렵다. 하지만 학생이 스스로 자신의 일에 몰입하게 만들고, 강요가 아닌 조언과 방향 안내를 통해 학생 스스로 행동하게끔 하는 학교에서는 학생이 저절로 공부를 하려고 한다. 누가 시켜서가 아니라 내가 하고 싶어서 하기 때문이다. 그런 학교에서 국가와 인류의 희망이 자란다.

'모범생'은 아마 초등학교 때쯤부터 외부의 권위에 의존하는 버릇이 들어, 부모나 교사를 만족시키기 위해 학교에 갈 뿐 그 자신은 무언가를 스스로 결정하지 못하게 되었을 것이다. 이 책을 읽는 학생 중 만약 '모범생'에 가까운 사람이 있다면 자기 주도의 중요성을 깨달아 자신만의 목표를 가지고, 공부라는 거대한 산에 스스로 깃발을 꽂기를 바라며 이 책을 마무리하고자 한다. 만약 이 책의 마지막 문장까지 읽고 있는 여러분이 '공부'와 마주 앉아 앞으로 잘해 보자고 힘차게 악수할 수 있다면 더 이상 바랄 것이 없겠다.

관건은 실천이다

『우리 아이가 달라졌어요』라는 TV 프로그램이 있었다.

아무리 엉망진창에 구제 불능인 아이도 이 프로그램을 통해 육아 전문가의 지도와 처방을 받고 나면, 감쪽같이 새로운 아이로 거듭나는 신비 체험을 하게 된다. 그리고 진정 신비로운 것은 그 지도나 처방이 굉장히 독특하고 기발한 것이 아니라 평범하다 못해 시시하다는 점이다. 저런 흔한 처방으로 과연 아이가 달라질 수 있을까? 이 프로그램은 그 평범하고 시시한 처방을 뚝심 있게 적용하면 반드시 결과가 따라온다는 것을 보여 준다. 그래서 나는 매번 감동했다.

이 책의 머리말에서 저자는 이렇게 말한다. "학생은 공부를 할 때도 수영이나 댄스를 배울 때처럼 무엇을 어떻게 해야 하는지 전문가의 지도를 받을 권리가 있다." 지금 여러분이 이 후기를 읽고 있다는 건 이 책을 끝까지 읽었다는 얘기가 되니(만약 아니라면 지금이라도 늦지 않았으니 읽자. 별로 길지도 않다), 수많은 우수 학생을 배출한 교육 전문가의 '평범해 보이지만 반드시 효과 있는' 지도와 처방을 받은 셈이다. 이제 여러분은 곧 '우리 공부가 달라지는' 신비 체험을 하게 될 확률이 매우 높다. 관건은……. 말씀드리지 않아도 이미 아시리라 믿는다.

이 책과 인연을 맺은 여러분에게 이 책이, 공부를 비추는 빛이 되고 영원한 친구로 남길 바란다.

학생이 배우고 익히는 법:
미국 명문고 교장이 각계 전문가와 함께 완성한 실용 공부법

2015년 12월 24일 초판 1쇄 발행

지은이	**옮긴이**
리처드 샌드윅	이성자

펴낸이	**펴낸곳**	**등록**
조성웅	도서출판 유유	제406-2010-000032호(2010년 4월 2일)

주소
경기도 파주시 책향기로 337, 308-403 (우편번호 10884)

전화	**팩스**	**홈페이지**	**전자우편**
070-8701-4800	0303-3444-4645	uupress.co.kr	uupress@gmail.com

페이스북	**트위터**
www.facebook.com/uupress	www.twitter.com/uu_press

편집	**디자인**
조편	이기준

제작	**인쇄**	**제책**
제이오	(주)재원프린팅	(주)정문바인텍

ISBN 979-11-85152-42-4 04370
      979-11-85152-36-3 (세트)

이 도서의 국립중앙도서관 출판예정도서목록(CIP)은 서지정보유통지원시스템
홈페이지(seoji.nl.go.kr)와 국가자료공동목록시스템(www.nl.go.kr/kolisnet)에서
이용하실 수 있습니다.(CIP제어번호: CIP2015033098)

유유 출간 목록

공부

공부의 기초

공부하는 삶
배우고 익히는 사람에게 필요한 모든 지식
앙토냉 질베르 세르티양주 지음, 이재만 옮김

공부 의욕을 북돋는 잠언서. 프랑스는
물론이고 영미권에서는 지금까지도
이 책을 공부의 길잡이로 삼아 귀중한
영감과 통찰력, 용기를 얻었다고
고백하는 독자가 적지 않다.
지성인의 정신 자세와 조건, 방법에
대해 알뜰하게 정리한 프랑스의
수도사 세르티양주는 공부가 삶의
중심이며 지성인은 공부를 위해
삶 자체를 규율해야 한다고 말한다.

공부책
하버드 학생들도 몰랐던 천재 교수의
단순한 공부 원리
조지 스웨인 지음, 윤태준 옮김

공부를 지식의 암기가 아닌 지식의
활용이라는 관점에서 보고 그런
공부를 하도록 안내하는 책. 학생의
자주성만큼이나 선생의 역할이
중요함을 강조한 저자는 이 책에서
기본적으로 선생과 학생이 있는
교육을 중심에 두고 공부법을
설명한다. 단순하고 표준적인 방법을
확고하고 분명한 어조로 말한 책으로,
그저 지식만 습득하는 공부가 아닌
삶의 기초와 기조를 든든하게 챙길
공부를 원하는 사람이라면 일독해야
할 책이다.

평생공부 가이드
브리태니커 편집장이 완성한 교양인의
평생학습 지도
모티머 애들러 지음, 이재만 옮김

인간의 학식 전반을 개관하는
종합적 교양인이 되기를 원하며
거기에서 지혜를 얻으려는 사람을
위한 안내서. 미국의 저명한
철학자이자 전설적인 브리태니커
편집장이었던 저자는 평생공부의
개념마저 한 단계 뛰어넘어,
인간으로서 이룰 수 있는 수준 높은
교양의 경지인 르네상스인이
되고자 하는 이들을 위해 인류가
이제까지 쌓아 온 지식을 제대로
파악할 수 있는 지도를 완성했다.
이제 이 지도를 가지고 진정한 인문학
공부 여행을 떠나도록 하자.

단단한 시리즈

단단한 공부
내 삶의 기초를 다지는 인문학 공부법
윌리엄 암스트롱 지음, 윤지산 윤태준 옮김

듣는 법, 도구를 사용하는 법, 어휘를
늘리는 법, 생각을 정리하는 법 등
효율적인 공부법을 실속 있게 정리한
작지만 단단한 책. 원서의 제목 'Study
is Hard Work'에서도 짐작되듯
편하게 익히는 공부법이 아니라
고되게 노력하여 배우는 알짜배기
공부법이므로, 이 책을 따라 익히면
공부의 기본기를 제대로 닦을 수
있다.

단단한 독서
내 삶의 기초를 다지는 근본적 읽기의
기술
에밀 파게 지음, 최성웅 옮김

KBS 'TV, 책을 보다' 방영 도서.
프랑스인이 100년간 읽어 온
독서법의 고전. 젊은 번역가가
새롭게 번역한 이 책을 통해 이제
한국 독자도 온전한 번역본으로
파게의 글을 읽을 수 있다. 프랑스는
물론이고 유럽 각국의 교양인이
지금까지도 에밀 파게의 책을 읽는
이유는 이 책에 아무리 오랜 세월이
흘러도 변치 않는 근본적인 독서의
기술이 알뜰살뜰 담겨 있기 때문이다.
파게가 말하는 독서법의 요체는
'느리게 읽기'와 '거듭 읽기'다.
파게에게 느리게 읽기는 제일의 독서
원리이며, 모든 독서에 보편적으로
적용된다.

단단한 과학 공부
내 삶의 기초를 다지는 자연과학 교양
류중랑 지음, 김택규 옮김

박학다식한 노학자가 과학의 다양한
분야를 이해하기 쉽게 설명한
안내서. 작게는 우리 몸 세포의
움직임이 우리의 마음에 어떻게
반응하는지부터 크게는 저 우주의
은하와 별의 거리까지, 우리를 둘러싼
세상을 과학의 눈으로 바라보게 한다.
곳곳에 스며든 인간적 시선과 통찰,
유머가 읽는 즐거움을 더한다.

단단한 사회 공부
내 삶의 기초를 다지는 사회과학 교양
류중랑 지음, 문현선 옮김

우리가 상식으로 알고 있는 사회
현상을 근본부터 다시 짚어 보게
하는 책. 일상생활에서 자주 접하는
일화들을 알기 쉽게 설명해 과거와
현재 그리고 미래에 일어났고
일어나고 있고 일어날 일을 스스로
생각하고 판단하게 한다. 역사의
흐름을 한 축으로, 이성을 기반으로
하는 과학 정신을 다른 한 축으로
하는 이 책은 사회를 보는 안목을
높인다.

단단한 사회공부
내 삶의 기초를 다지는
사회과학 교양

번역자를 위한 우리말 공부
한국어를 잘 이해하고 제대로 표현하는 법
이강룡 지음

외국어 실력을 키우는 번역 교재가
아니라 좋은 글을 판별하고 훌륭한
한국어 표현을 구사하는 태도를 길러
주는 문장 교재. 기술 문서만 다루다
보니 한국어 어휘 선택이나 문장 감각이
무뎌진 것 같다고 느끼는 현직 번역자,
외국어 구사 능력에 비해 한국어
표현력이 부족하다 여기는 통역사,
이제 막 번역이라는 세계에 발을 디딘
초보 번역자 그리고 수많은 번역서를
검토하고 원고의 질을 판단해야 하는
외서 편집자가 이 책의 독자다.

동사의 맛
교정의 숙수가 알뜰살뜰 차려 낸 우리말
움직씨 밥상
김정선 지음

20년 넘도록 문장을 만져 온 전문
교정자의 우리말 동사 설명서. 헷갈리는
동사를 짝지어 고운 말과 깊은 사고로
풀어내고 거기에 다시 이야기를 더해
재미있게 읽을 수 있도록 했다. 일반
독자라면 책 속 이야기를 통해 즐겁게
동사를 익힐 수 있을 것이고, 우리말을
다루는 사람이라면 사전처럼 요긴하게
쓸 수 있을 것이다.

공부하는 엄마들
인문학 초보 주부들을 위한 공부 길잡이
김혜은, 홍미영, 강은미 지음

공부하고 싶지만 어떻게 하면 좋을지
알지 못하는 엄마들 그리고 모든 이를
위한 책. 인문 공동체에 용감하게
뛰어들어 처음부터 하나하나 시작한
세 주부의 글로 꾸며졌다. 자신의
이야기부터 비슷한 경험을 하고
있는 다른 주부와 나눈 대화, 여기에
도움이 될 만한 도서 목록, 공부하는
사람과 함께할 수 있는 인문학
공동체의 목록까지 책 말미에 더해
알차게 담아냈다.

고전

동양고전강의 시리즈

삼국지를 읽다
중국 사학계의 거목 여사면의 문학고전 고쳐 읽기
여사면 지음, 정병윤 옮김

중국 근대사학계의 거목이 대중을
위해 쓴 역사교양서. 이 책은 조조에
대한 새로운 관점을 처음 드러낸
다시 읽기의 고전으로, 자기 자신의
눈으로 문학과 역사를 보아야
한다고 역설하는 노학자의 진중함이
글 곳곳에 깊이 새겨져 있다.

사기를 읽다
중국과 사마천을 공부하는 법
김영수 지음

28년째 『사기』와 그 저자 사마천을
연구해 온 『사기』 전문가의 『사기』
입문서. 강의를 모은 책이라 쉽고
재미있게 읽을 수 있다. 지금까지
중국을 130여 차례 답사하며 역사의
현장을 일일이 확인하고, 그 경험을
바탕으로 연구한 전문가의 강의답게
현장감 넘치는 일화와 생생한 지식이
가득하다. 『사기』에 관심이 있는
독자라면 남녀노소 누구나 어렵지
않게 읽을 수 있는 교양서.

논어를 읽다
공자와 그의 말을 공부하는 법
양자오 지음, 김택규 옮김

『논어』를 역사의 맥락에 놓고 텍스트
자체에 집중해, 최고의 스승 공자와
그의 언행을 새롭게 조명한 책.
타이완의 인문학자 양자오는 『논어』
읽기를 통해 『논어』라는 텍스트의
의미, 공자라는 위대한 인물이
춘추 시대에 구현한 역사 의미와
모순을 살펴보고, 공자라는 인물을
간결하고도 분명한 어조로 조형해
낸다. 주나라의 봉건제로 돌아가기를
꿈꾸면서도 신분제에 어긋나는
가르침을 펼친 인물, 자식보다
제자들을 더 아껴 예를 어겨 가며
사랑을 베풀었던 인물, 무엇보다
사람이 사람다워야 함을 역설했던
큰 인물의 형상이 오롯하게 드러난다.

노자를 읽다
전쟁의 시대에서 끌어낸 생존의 지혜
양자오 지음, 정병윤 옮김

신비에 싸여 다가가기 어렵다고
여겨지는 고전 『노자』를 문자 그대로
읽고 사색함으로써 좀 더 본질에
다가가고자 시도한 책. 양자오는
『노자』를 둘러싼 베일을 거둬 내고
본문의 단어와 문장 자체에 집중한다.
그렇게 하여 『노자』가 나온 시기를
새롭게 점검하고, 거기서 끌어낸
결론을 바탕으로 『노자』가 고대
중국의 주류가 아닌 비주류 문화인
개인주의적 은자 문화에서 나온
책이라고 주장한다. 더불어 『노자』의
간결한 문장은 전쟁을 종결하고
백성을 편하게 하고자 군주에게 직접
던지는 말이며, 이 또한 난무하는
제자백가의 주장 속에서 살아남기
위한 전략이라고 말한다.

장자를 읽다
쓸모없음의 쓸모를 생각하는 법
양자오 지음, 문현선 옮김

장자는 송나라 사람으로 알려져 있다.
송나라는 주나라에서 상나라를
멸망시킨 뒤 후예들을 주나라와
가까운 곳에 모아 놓고 살도록 만든
나라다. 상나라의 문화는 주나라와
확연히 달랐고, 중원 한가운데에서,
이미 멸망한 나라의 후예가 유지하는
문화는 주류 문화의 비웃음과 멸시를
받았다. 그러나 춘추전국 시대로
접어들면서 주나라의 주류 문화는
뿌리부터 흔들렸다. 그런 주류 문화의
가치를 조롱하는 책이며 우리에게도
다른 관점으로 지금을 되돌아볼 수
있는 기회를 준다.
책의 앞머리에서 고대 중국의 주류
문화와 비주류 문화의 간극을
설명하고, 장자의 역사 배경과 사상
배경을 훑고 『장자』의 판본이 어떻게
달라졌는지 살펴본 다음, 『장자』의
「소요유」와 「제물론」을 분석한다.
저자는 허세를 부리는 듯한 우화와
정신없이 쏟아지는 궤변, 신랄한
어조를 뚫고 독자에게 『장자』의
핵심에 접근하는 방법을 알려 준다.
중국의 문화 전통에서 한쪽에 밀려나
잊혔던 하나의 커다란 맥을 이해하고
새롭게 중국 철학과 중국 남방 문화를
일별하는 기회를 얻는 동시에 다시금
'기울어 가는 시대'를 고민하는
기회를 갖게 될 것이다.

서양고전강의 시리즈

종의 기원을 읽다
고전을 원전으로 읽기 위한 첫걸음

양자오 지음, 류방승 옮김

고전 원전 독해를 위한 기초체력을
키워 주는 서양고전강의 시리즈
첫 책. 인간과 자연의 관계를
변화시킨 『종의 기원』에 대한 새로운
해설서다. 저자는 섣불리 책을
정의하거나 설명하지 않고 책의
역사적, 지성사적 맥락을 흥미롭게
들려줌으로써 독자들을 고전으로
이끄는 연결고리가 된다.

꿈의 해석을 읽다
프로이트를 읽기 위한 첫걸음

양자오 지음, 문현선 옮김

인간과 인간 자아의 관계를 바꾼
『꿈의 해석』에 관한 교양서. 19세기
말 유럽의 독특한 분위기, 억압과
퇴폐가 어우러지며 낭만주의가
극에 달했던 그 시기를 프로이트를
설명하는 배경으로 삼는다. 또한
프로이트가 주장한 욕망과 광기
등이 이후 전 세계 문화와 예술에
미친 영향을 들여다보며 현재의
우리에게는 어떤 의미인지 점검한다.

자본론을 읽다
마르크스와 자본을 공부하는 이유

양자오 지음, 김태성 옮김

마르크스 경제학과 철학의 탄생,
진행 과정과 결과에 이르기까지
역사의 맥락과 기초 개념을 짚어
가며 『자본론』의 핵심 내용을
간결하고 정확한 시각으로 해설한 책.
타이완에서 자란 교양인이 동서양의
시대 상황과 지적 배경을 살펴 가면서
썼기에 비슷한 역사 경험을 가진
한국인의 피부에 와 닿는 내용이
가득하다.

중국

야만의 시대, 지식인의 길
중국사 지성의 상징 죽림칠현,
절대 난세에 답하다
류창 지음, 이영구 외 옮김

중국 중앙방송 '백가강단'에서 절찬리
방영된 역사 교양강의.
동아시아 지식인의 원형, 죽림칠현의
파란만장한 인생을 유려하게 풀어낸
수작. 문화와 예술 방면에서는
화려하고도 풍부한 열정이
가득했으나 정치적으로는 권력으로
인한 폭력과 압박으로 처참했던 위진
시기. 입신하여 이름을 떨치느냐
은둔하여 자유를 추구하느냐의
갈림길에서 유교와 도교를 아우른
지식인의 고뇌가 깊어진다. 뛰어난
재능과 개성으로 주목받았던 일곱
지식인. 그들의 고민과 선택, 그로
인한 다채로운 삶은 독자에게 현재의
자리를 돌아보고 앞으로 나아갈 길을
다시 생각하게 한다.

중국, 묻고 답하다
미국이 바라본 라이벌 중국의 핵심 이슈 108
제프리 와서스트롬 지음, 박민호 옮김

108개의 문답 형식으로 중국의 교양을
간결하게 정리한 이 책은 중국을 왜
그리고 어떻게 이해해야 하는지 알고자
하는 독자에게 유익하다. 술술 읽히는
이야기를 따라가다 보면 과거의 중국에
대한 정보부터 오늘날 중국에서 가장
중요한 인물과 사건까지 한눈에
파악된다. 교양인이 반드시 알아야 할
내용으로 가득한 미국 중국학 전문가의
명저.

명문가의 격
고귀하고 명예로운 삶을 추구한
중국 11대 가문의 DNA
홍순도 지음

중국을 이끈 명문가 열한 가문을
엄선해 그들이 명문가로 자리 잡을 수
있었던 근원과 조상의 정신을 이어받은
후손의 노력을 파헤친 중국전문가의
역작. 3년간의 자료 조사와 현지
취재로 생생한 역사와 현장감이
느껴진다. 동아시아의 큰 스승 공자
가문부터 현대 중국을 있게 한 모택동
가문에 이르기까지, 역사 곳곳에 살아
숨 쉬는 가문의 일화와 그 후손이 보여
주는 저력은 가치 있는 삶과 품격이
무엇인지 생각하게 한다.

열린 인문학 강의

전 세계 교양인이 100년간 읽어 온
하버드 고전 수업

윌리엄 앨런 닐슨 엮음, 김영범 옮김

'하버드 고전'은 유사 이래로
19세기까지의 인류의 지적 유산을
담은 위대한 고전을 정선한
시리즈로서 인류의 위대한 관찰과
기록, 사상을 담고 있다. 이 책은
하버드 고전을 읽기 위한 안내서로
기획되었으며 하버드를 대표하는
교수진이 인문학 고전과 대표 인물을
망라하여 풍부한 내용을 정제된
언어로 소개한다.

부모인문학

교양 있는 아이로 키우는 2,500년 전통의
고전공부법

리 보틴스 지음, 김영선 옮김

문법, 논리학, 수사학을 가르치는
서양의 전통 교육은 아이에게
인문학적 소양을 갖추게 하는 좋은
공부법이다. 모든 교육의 목적은 결국
새로운 정보를 저장하고(문법), 처리
검색하며(논리학), 표현하는(수사학)
능력을 키우는 것인데, 이 책에는
아이가 성인이 되어 자립적으로
살아갈 수 있는 키워 주는
고전공부법이 담겼다. 저자는
이 고전공부법을 소개하고 이를 현대
상황에 맞게 적용하는 법을 솜씨 있게
정리했다.

동양의 생각지도

어느 서양 인문학자가 읽은 동양 사유의 고갱이

릴리 애덤스 벡 지음, 윤태준 옮김

동서양 문화의 교류, 융합의 추구가 인류를 아름다운 미래로 이끄는 중요한 토대가 된다는 믿음을 바탕으로, 저자가 동양 여러 나라의 정신을 이루는 철학과 사상을 오랜 시간 탐사하고 답사한 결과물. 기본적으로 동양에 대해 철저히 무지한, 또는 그릇된 선입견을 가진 서양의 일반 독자를 위한 안내서이지만 서양이라는 타자를 통해 우리 자신이 속한 동양을 새로운 시각으로 되돌아보는 좋은 기회를 얻을 수 있다.

인문세계지도

지금의 세계를 움직이는 핵심 트렌드 45

댄 스미스 지음, 이재만 옮김

지구의 인류가 살아가는 데 가장 큰 영향을 미치는 핵심 이슈와 트렌드를 전 세계적 범위에서 체계적이고 시각적으로 정리한 책. 전 세계의 최신 정보와 도표를 첨단 그래픽으로 표현하였고, 부와 불평등, 전쟁과 평화, 민주주의와 인권, 인류의 건강, 지구의 환경이라는 다섯 가지 주요 쟁점을 인류 전체의 진보라는 관점에서 다룬다. 다양한 이미지에 짧고 핵심적인 텍스트가 곁들여지므로 전 세계를 시야에 품고 공부하고자 하는 이들이 곁에 두고 참고하기에 좋다.

엔지니어의 인문학 수업
르네상스인을 꿈꾸는 공학도를 위한
필수교양

새뮤얼 플러먼 지음, 김명남 옮김

엔지니어의 눈으로 보고 정리한,
엔지니어를 위한 인문 교양 안내서.
물론 보통의 독자에게도 매력적이다.
엔지니어의 눈으로 본 인문학의
각 분야는 참신하고 유쾌하다.
엔지니어 특유의 군더더기 없는
문장으로 아직 인문학 전반에 낯선
독자에게나 인문학에 거리감을
느끼는 엔지니어에게 추천할 수 있는
좋은 책이다.

같이의 가치를 짓다
청년 스타트업 우주 WOOZOO의 한국형
셰어하우스 창업 이야기

셰어하우스 우주 WOOZOO
김정헌, 계현철, 이정호, 조성신, 박형수 지음

'셰어하우스'라는 대안 주거를
구현한 젊은 기업 우주woozoo의
창업부터 지금까지의 이야기를
담은 책. 현실의 주거 문제, 하고 싶은
일을 실천하려는 힘과 도전 정신,
가족이라는 문제, 공유 의식, 청년
문제 등 여러 가지 관점에서 다양하게
생각할 거리를 던져 준다. 무엇보다
그 모든 것을 아우르는 젊고 유쾌한
에너지가 책 전체에 넘쳐 독자를
즐겁게 한다.

공부해서 남 주다
대중과 교양을 나누어 성공한 지식인들의
남다른 삶

대니얼 플린 지음, 윤태준 옮김

지식이 권력인 사회에서, 대중과
지식을 나누어 성공한 지식인들의
남다른 삶을 다룬 책. 이들은
일반적인 교육의 혜택을 받지 못하고
스스로 노력해 얻은 지식을 대중과
함께하고자 했고, 그 노력은 수많은
이를 역사, 철학, 문학, 경제학의
세계로 이끌었다. 지식의 보급과
독점이 사회에서 각각 어떤 영향을
끼치는지, 어떤 미래를 만드는지
생각하도록 한다.

하루에 한 지식

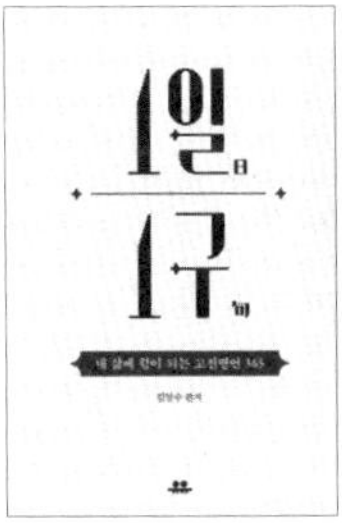

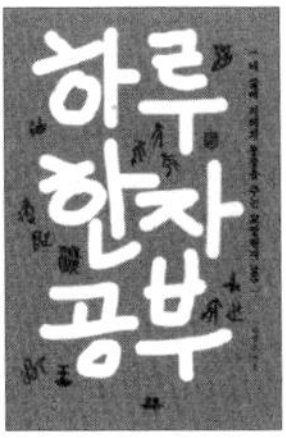

1일1구

내 삶에 힘이 되는 고전명언 365

김영수 지음

하루에 한 구절씩 맛보는 고전의 풍미. 마르지 않는 지혜의 샘. 고전에는 과거와 현재와 미래를 관통하는 선현의 지혜가 담겼다. 그러나 이 오래된 지혜를 요즘의 독자가 문화와 역사를 단숨에 뛰어넘어 이해하기는 쉽지 않다. 중국 고전 학자이자 『사기』 전문가인 저자가 중국의 300여 고전 중에서 명구를 엄선하여 독자가 부담 없이 읽어 볼 수 있도록 소개했다. 원문을 함께 실려 있어 고전의 또 다른 맛과 멋을 느낄 수 있다.

하루 한자 공부

내 삶에 지혜와 통찰을 주는 교양한자 365

이인호 지음

하루에 한 자씩 한자를 공부할 수 있는 책. 한자의 뿌리를 해설한 여러 고전 문헌과 여러 중국학자의 연구 성과를 두루 훑어 하루에 한자 한 자씩을 한자의 근본부터 배울 수 있도록 한다. 무조건 암기하기보다는 한자의 기초부터 공부하도록 해 한자에 대한 기초체력을 키우는 데 중점을 둔 책으로, 하루 한 글자씩 익히다 보면 어느새 한자에 대한 자신감이 붙을 것이다.

사람

내가 사랑한 여자

공선옥 김미월 지음

소설가 공선옥과 김미월이 그들이 사랑하고, 사랑하기에 모든 이들과 함께 이야기를 나누고 싶은 여자들에 대해 쓴 산문 모음. 시대를 앞서 나갔던 김추자나 허난설헌 같은 이부터 자신의 시대에서 눈을 돌리지 않았던 케테 콜비츠나 한나 아렌트에 이르기까지, 세상 그 누구보다 인간답게 여자답게 살아갔던 이들을 사랑하는 마음을 담아 찬사했다. 더불어 여자가, 삶이, 시대가 무엇인지 돌아보게 하는 아름다운 책이다.

위로하는 정신
체념과 물러섬의 대가 몽테뉴

슈테판 츠바이크 지음, 안인희 옮김

세계적 전기 작가 슈테판 츠바이크가 쓴 몽테뉴 평전. 츠바이크의 마지막 작품이기도 하다. 츠바이크는 세계 대전과 프랑스 내전이라는 광란의 시대를 공유한 몽테뉴를 통해 자신의 이야기를 한다. 자기 자신이 되고자 끝없이 물러나며 노력했던 몽테뉴. 전쟁을 피해 다른 나라로 갔지만 결국 안식을 얻지 못한 츠바이크. 두 사람의 모습에서 혼란한 시대를 살아가는 사람의 자세를 사색하게 된다.

찰리 브라운과 함께한 내 인생

찰스 슐츠 지음, 이솔 옮김

『피너츠』의 창조자 찰스 슐츠가 직접 쓴 기고문, 책의 서문, 잡지에 실린 글, 강연문 등을 묶은 책. 『피너츠』는 75개국 21개의 언어로 3억 5,500만 명 이상의 독자가 즐긴 코믹 스트립이다. 오랜 세월 동안 독자들은 언제나 실패와 좌절을 거듭하지만 포기하지 않는 찰리 브라운과 그의 친구들의 다채롭고 개성 있는 성격에 공감했고, 냉소적이고 건조한 듯하면서도 부드럽고 따뜻한 느낌의 이야기에 울고 웃었다. 이 사랑스러운 캐릭터와 이야기의 뒤에는 50년간 17,897편의 그림과 글을 직접 그리고 썼던 작가 찰스 슐츠가 있다. 스스로 세속의 인문주의자라고 평하기도 했던 슐츠는 깊이 있고 명료한 글을 쓸 줄 아는 작가였다. 슐츠 개인의 역사는 물론 코믹 스트립을 포함한 만화라는 분야에 대한 그의 관점과 애정, 그의 인생에서 가장 큰 자리를 차지한 『피너츠』에 대한 갖가지 소회, 이 작품에 등장하는 여러 캐릭터를 만들게 된 창작의 과정과 그 비밀을 오롯이 드러내 보인다.

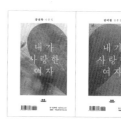

고양이의 서재

어느 중국 책벌레의 읽는 삶, 쓰는 삶, 만드는 삶

장샤오위안 지음, 이경민 옮김

중국 고전과 인문서를 꾸준히 읽어 착실한 인문 소양을 갖춘 중국의 과학사학자이자 천문학자의 독서 편력기. 학문, 독서, 번역, 편집, 서재, 서평 등을 아우르는 책 생태계에서 살아온 그의 삶에는 책을 좋아하는 사람의 모든 것이 담겨 있다. 과학과 인문학을 오가는 그의 문제의식과 중국 현대사 속에서 살아가는 개인의 관점 역시 놓칠 수 없는 대목이다.

땅콩
문고

책 먹는 법
든든한 내면을 만드는 독서 레시피
김이경 지음

저자, 번역자, 편집자, 논술 교사,
독서 모임 강사 등 텍스트와
관련한 여러 가지 일을 오래도록
섭렵하면서 단련된 독서가 저자
김이경이 텍스트 읽는 법을
총망라하였다. 읽기 시작하는 법,
질문하면서 읽는 법, 있는 그대로
읽는 법, 다독법, 정독법, 여럿이
함께 읽는 법, 어려운 책 읽는 법,
쓰면서 읽는 법, 소리 내어 읽는 법,
아이와 함께 읽는 법, 문학 읽는 법,
고전 읽는 법 등 여러 가지 상황과
처지에 맞게 책을 접하는 방법을
자신의 인생 갈피갈피에서 겪은
체험과 함께 소개한다.

박물관 보는 법
보이지 않는 것을 보는 감상자의 안목
황윤 글, 손광산 그림

박물관을 제대로 알고 감상하기
위한 책. 소장 역사학자이자 박물관
마니아인 저자가 오래도록 직접
발품을 팔아 수집한 자료와 직접
현장을 누비면서 본인이 듣고 보고
느낀 내용을 흥미로운 스토리텔링
방식으로 집필했다. 우리 근대
박물관사의 흐름을 한눈에 꿰게 할 뿐
아니라 그 흐름을 만들어 간 사람들의
흥미로운 사연과 앞으로 문화
전시 공간으로서 박물관이 나아갈
바람직한 방향까지 가늠하게 해 준다.
일제 치하에서 왜곡된 방식으로
근대를 맞게 된 우리 박물관의 역사도
이제 100여 년이 되었다. 박물관을
설립하는 데 관여한 사람들과 영향을
준 사건들을 살피다 보면 유물의
소장과 보관의 관점에서 파란만장한
우리 근대 100년사를 일별할 수 있다.
또한 공간의 관점에서도 단순히
유물과 예술품을 전시하는 건물로만
여겨졌던 박물관이 색다르게 다가온다.
보이지 않던 박물관의 면모가 보이고
이를 통해 박물관을 관람하는 새로운
시야를 열어 줄 것이다.

논픽션 쓰기

퓰리처상 심사위원이 말하는 탄탄한
구조를 갖춘 글 쓰는 법

잭 하트 지음, 정세라 옮김

세상에서 가장 힘 있는 글쓰기,
논픽션 쓰는 법. 저자는 허구가 아닌
사실에 기반을 둔, 예술 창작물보다는
삶의 미학화를 지향하는 글쓰기를
어떻게 하면 좋을지를 자신의 오랜
경험을 바탕으로 구체적인 사례와
모범적인 글을 통해 차분히 정리했다.
저자 잭 하트는 미국 북서부 최대의
유력 일간지 『오레고니언』에서
25년간 편집장으로 일하며 퓰리처상
수상자를 다수 길러 낸 글쓰기
코치다.
구조 잡는 법부터 윤리 문제까지,
논픽션 쓰기의 구체적 노하우를
총망라했다. 저자는 단순히
육하원칙에 따른 사건의 기록이
아니라 인물이 있고, 갈등이 있고,
장면이 있는 이야기, 이 모든 것이
없더라도 독자의 마음을 훔칠 만한
주제가 있는 이야기를 어떻게 써야
하는지, 신문·잡지·책에 실린 글을
예로 들어 독자가 이해하기 쉽게
설명한다. 이 밖에도 신문 기사,
르포, 수필 등 논픽션의 모든 장르를
아우르며 글쓰기 실전 기술을
전수한다.